AF283426

Atención al cliente y calidad en el servicio. COMM002PO

Miguel Ángel Sánchez Maza
Miguel Ángel Mateos de Pablo Blanco

ic editorial

Atención al cliente y calidad en el servicio. COMM002PO
© Miguel Ángel Sánchez Maza
© Miguel Ángel Mateos de Pablo Blanco

1ª Edición

© IC Editorial, 2024

Editado por: IC Editorial
c/ Cueva de Viera, 2, Local 3
Centro Negocios CADI
29200 Antequera (Málaga)
Teléfono: 952 70 60 04
Fax: 952 84 55 03
Correo electrónico: iceditorial@iceditorial.com
Internet: www.iceditorial.com

ISBN: 978-84-1184-467-3
Depósito Legal: MA 2636-2024

Impresión: PODiPrint
Impreso en Andalucía - España

Nota de la editorial: IC Editorial pertenece a Innovación y Cualificación S. L.

Especialidad formativa

Se entiende por especialidad formativa la agrupación de contenidos, competencias profesionales y especificaciones técnicas que responde a un conjunto de actividades de trabajo enmarcadas en una fase del proceso de producción y con funciones afines.

Las especialidades formativas de Uso General, Formación Complementaria, Formación Modular y las especialidades formativas dirigidas a la obtención de certificados de profesionalidad se incluyen en el Fichero de Especialidades del Servicio Público de Empleo Estatal para su gestión en todo el territorio nacional por cualquier Administración competente.

Las especialidades complementarias, pertenecen todas a la Familia profesional de Formación Complementaria (FCO) y tienen la consideración de formación transversal en áreas que se consideran prioritarias tanto en el marco de la Estrategia Europea para el Empleo y del Sistema Nacional de Empleo como en las directrices establecidas por la Unión Europea. Se consideran áreas prioritarias las relativas a tecnologías de la información y la comunicación, la prevención de riesgos laborales, la sensibilización en medio ambiente, la promoción de la igualdad, la orientación profesional y aquellas otras que se establezcan por la Administración competente.

Las especialidades de Certificado de profesionalidad tienen una duración especificada en su normativa reguladora.

En el resultado de la búsqueda, se muestran las unidades de competencia, todos los módulos formativos con su duración y las unidades formativas del certificado correspondiente, con su duración. Las horas del certificado, exclusivo de las especialidades de certificado de profesionalidad, con alta igual o superior a 2008, son las horas totales más las horas del módulo de Prácticas Profesionales no Laborales.

- ⮞ **Si la especialidad tiene unidades formativas,** las horas totales, presencial, distancia, teleformación serán igual a la suma de esas horas de las unidades formativas de los distintos módulos, sin que se repita ninguna Unidad formativa.

⊃ **Si la especialidad no tiene unidades formativas,** las horas totales, presencial, distancia, teleformación serán igual a las sumas de esas horas de los módulos formativos, eliminando las horas de los módulos repetidos.

https://sede.sepe.gob.es/especialidadesformativas/RXBuscadorEFRED/BusquedaEspecialidades.do

(Fuente: Servicio Público de Empleo Estatal)

Índice

Unidad de Aprendizaje 4
Atención de quejas y reclamaciones

OBJETIVOS GENERALES

Los objetivos generales del **COMM002PO. Atención al cliente y calidad en el servicio** son los siguientes:

- ⮞ Proporcionar habilidades, recursos y técnicas para mejorar la relación y el trato con el cliente y satisfacer sus expectativas, mejorando la calidad en el servicio prestado.
- ⮞ Reconocer la importancia de la atención al cliente en las organizaciones.
- ⮞ Prestar un servicio de calidad en la atención al cliente.
- ⮞ Comunicarse con los clientes utilizando los recursos más adecuados en cada caso.
- ⮞ Atender adecuadamente las quejas y reclamaciones de los consumidores.

Importancia de la atención al cliente

Contenido

Objetivos

El objetivo general de esta Unidad de Aprendizaje es:

→ Reconocer la importancia de la atención al cliente en las organizaciones.

Los objetivos específicos de esta Unidad de Aprendizaje son:

→ Conocer los principios que deben regir la atención al cliente en las organizaciones.

→ Describir las características de un adecuado servicio de atención al cliente.

1. Introducción

En las últimas décadas el mercado ha experimentado una notable evolución que ha obligado a las empresas a cambiar por completo sus estrategias de negocio. Anteriormente, estas desarrollaban un modelo de negocio enfocado a sí mismas, buscando vender sus productos por encima de todo. El crecimiento del mercado y la gran oferta empresarial presente hoy día en el mismo han obligado a las empresas a adoptar una estrategia más centrada en el cliente.

Son los clientes los que tienen el poder de decisión. Por ello, las empresas necesitan recabar información sobre las necesidades de los clientes para adaptar los productos que componen la oferta empresarial a dichas necesidades.

Prestar un buen servicio al cliente se ha convertido en la principal consigna de la mayoría de los negocios, pues conseguir un nuevo cliente cuesta mucho más que mantener fiel a otro. Es, por ello, que los empleados deben prestar a cada cliente un trato personalizado.

2. Todos somos clientes

En cierto modo todos somos clientes, y es que necesitamos compaginar la vida profesional con la vida laboral, por lo que mientras que en unas ocasiones intentamos vender un producto desesperadamente, bien sea a un cliente final o a tu jefe, otras veces nos encontramos al otro lado del mostrador para comprar un producto o un servicio.

En este sentido, es preciso tomar nota del trato que te gusta que te presten cuando eres un cliente y extrapolarlo cuando prestas un servicio de atención al cliente o te encuentras desempeñando el papel de vendedor. Es decir, resulta fundamental **desempeñar tanto el rol de comprador como el de vendedor** para así poder comprender mejor a tus clientes.

Ponerse en el lugar del otro ayudará a comprender su preocupación.

 **IMPORTANTE**

Cuando intentas vender un producto o servicio debes ponerte en el lugar del cliente y pensar de qué forma te gustaría a ti que te ofrecieran dicho producto o servicio.

3. Principios de la atención al cliente

Aunque **no existen pautas de comportamiento que garanticen el éxito** a la hora de ofrecer una atención de calidad al cliente, los expertos coinciden en señalar la importancia de estos cinco **aspectos al ponerse en contacto con un posible cliente:**

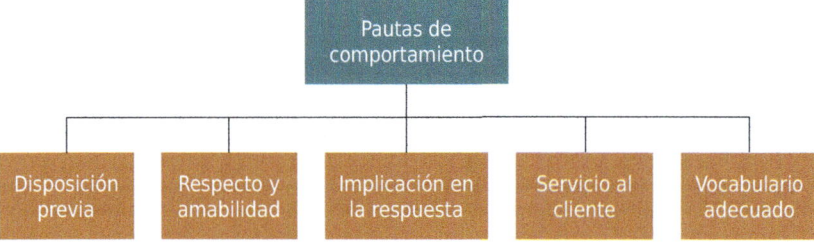

Por lo general, la labor de atención al cliente requiere cierta disposición previa por parte del trabajador que le permita desarrollar sus habilidades y, como consecuencia, realizar un buen trabajo; de esta forma, el potencial que posea el trabajador hace referencia a ciertas características o competencias básicas que **favorecen la adquisición de conocimientos y habilidades** en la prestación del servicio.

Dentro de los conocimientos básicos que debe recibir cualquier trabajador que se dedique a la atención al cliente destacan las nociones de **calidad de servicio y las características del servicio o producto ofrecido,** así como los **procedimientos y las normas de trabajo.** Además, es necesario que los trabajadores conozcan los objetivos de la atención al cliente que pretende lograr la empresa y los métodos utilizados para ello.

3.1. Disposición previa

No hay que olvidar que el **conocimiento adquirido debe acompañarse de la práctica** para que puedan convertirse en habilidades del puesto de trabajo. Así los trabajadores se sentirán más seguros a la hora de realizar sus funciones y la imagen que proporcionarán al cliente será mucho más favorable.

Por último, hay que tener presente que para ofrecer una excelente calidad en el servicio, **las empresas han de crear y mantener un ambiente de trabajo positivo,** que motive, con un clima de confianza y seguridad; de este modo, los trabajadores encontrarán razones para invertir toda su energía en beneficio del cliente, con lo que **la motivación se convierte en un elemento capaz de canalizar el esfuerzo, la energía y la conducta del trabajador hacia la consecución de objetivos** que interesan a las empresas y a la propia persona.

El reconocimiento de un cliente hacia un trabajador por la atención que ha recibido refuerza notablemente su autoestima.

3.2. Respeto y amabilidad

En el cambiante mundo de las relaciones comerciales es necesario reunir cada vez mayor número de **cualidades y destrezas para desarrollar de forma eficaz la atención al cliente.** Entre las actitudes que más destacan los clientes cuando reciben un trato exquisito por parte del trabajador está la **amabilidad.** Hay que recordar que **son las percepciones del cliente las que deciden en último caso los niveles de satisfacción.** Por ello, hay que saber lo que los clientes valoran realmente.

Hoy en día, las empresas son conscientes de que la atención al cliente es la forma más rentable, rápida y eficaz de cambiar la percepción positiva y, por lo tanto, el nivel de la satisfacción de los clientes; de hecho, son muchas las posturas que defienden que el **principal activo de una empresa es el cliente,** por lo que se le debe el máximo **respeto,** ya que de su opinión hacia una empresa dependerá en gran medida el futuro de esta; de esta forma, el mayor respeto que se le puede ofrecer a un cliente es **escucharlo con sinceridad y honestidad,** pues a menudo el simple hecho de escucharle supone que este se marche tranquilo y satisfecho.

El saludo al cliente debe ir siempre acompañado de un gesto cordial.

 **PARA SABER MÁS**

Accede al siguiente enlace para ver un vídeo en el que se explica cómo la postura, la actitud y la sonrisa pueden generar hasta un 10 % más de confianza

Continúa en página siguiente >>

<< Viene de página anterior

y un 25 % más de sonrisas a tu alrededor, fundamental en la atención y satisfacción del cliente.

https://redirectoronline.com/comm002po0101

3.3. Implicación en la respuesta

La forma más avanzada de escucha, es la **escucha activa,** entendida como la habilidad de escuchar plena y conscientemente el mensaje del interlocutor. Además, debemos ser empáticos, entendiendo la empatía como el nivel máximo de escucha en el que una persona se pone en el lugar de otra, para entenderla mejor.

 **DEFINICIÓN**

Empatía
Es la capacidad de implicarse en la respuesta hacia el cliente, de ponerse realmente en la posición del mismo y entender su frustración.

Ahora bien, hay que plantearse cómo lograr empatizar con un cliente que aparentemente no tiene razón en sus afirmaciones y que parece no escuchar al trabajador. Ese debe ser el objetivo de un buen profesional de la atención al cliente: **ser capaz de saber dar el trato adecuado a cada tipo de cliente,** por muy difícil que sea este.

Un cliente difícil que se logre manejar puede convertirse en el cliente más fiel.

 **RECUERDA**

El cliente complejo es el que marca el nivel profesional, ya que cuando somos capaces de darle el trato necesario para que quede satisfecho, avanzamos en nuestra labor y ascendemos en la escala profesional, demostrando que estamos capacitados para aceptar nuevos retos con los clientes más difíciles.

3.4. Servicio al cliente

Los **elementos que generan la satisfacción del cliente** son múltiples y afectan a diferentes aspectos. A continuación, se muestran algunos especialmente significativos:

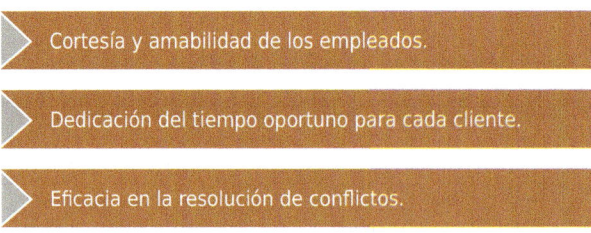

Cortesía y amabilidad de los empleados.

Dedicación del tiempo oportuno para cada cliente.

Eficacia en la resolución de conflictos.

Continúa en página siguiente >>

<< Viene de página anterior

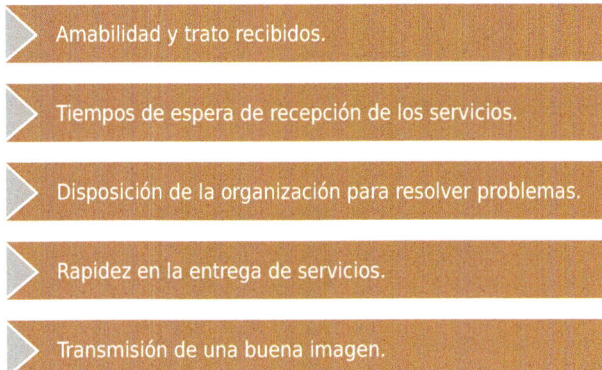

Amabilidad y trato recibidos.

Tiempos de espera de recepción de los servicios.

Disposición de la organización para resolver problemas.

Rapidez en la entrega de servicios.

Transmisión de una buena imagen.

Los aspectos más importantes que contribuyen a transmitir una buena imagen de la empresa, además de los enunciados anteriormente, son:

- Asegurar la calidad de los productos y/o servicios que ofrece la empresa, realizando estudios de mercado para conocer las preferencias de los clientes y adaptar a ellas sus productos y/o servicios.
- Preocuparse del diseño y la estética, tanto de los productos y/o servicios como del establecimiento.
- Realizar una presentación atractiva de los productos y de la empresa, mediante presentaciones multimedia, catálogos físicos y virtuales, tarjetas de presentación, sitios web, redes sociales, etc.
- Mantener buenas relaciones empresariales con los clientes, con los proveedores y con otras empresas, incluidas las de la competencia. La empresa que hable mal de otras empresas, que no atienda las llamadas de sus clientes, que rompa de forma continuada relaciones con los proveedores, no estará dando una buena imagen corporativa en el mercado.

Ser una empresa transparente, actuando siempre bajo la verdad respecto a los atributos de sus productos y/o servicios, contribuirá a dar una buena imagen y a generar confianza en ella.

PARA SABER MÁS

Accede al siguiente enlace para conocer los elementos que permiten medir la satisfacción del cliente.

https://redirectoronline.com/comm002po0102

El principal problema que existe en relación a la actitud de los clientes es que, si es positiva, se da por hecho que lo merecen; sin embargo, cuando es negativa, se habla de ello a un mayor número de personas, es decir, **lo negativo se hace más extensivo y potente que cuando un cliente queda satisfecho.** Tanto es así, que el psicólogo John Gottman indica que, por cada interacción negativa, son necesarias cinco positivas para volver a conseguir el equilibrio.

Relación existente entre el mensaje y su posterior efecto

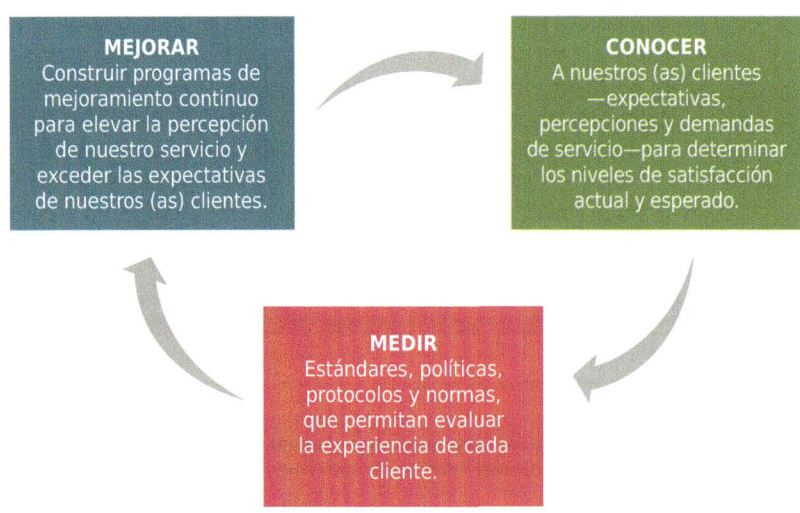

Hoy en día, las **empresas líderes consideran que ofrecen a sus clientes un servicio excelente** cuando este no solo es eficaz y agradable, sino que además, cumple los siguientes **requisitos:**

Recepción del cliente
- La sonrisa y la comunicación no verbal positiva es fundamental en esta primera etapa de la venta.

Escucha
- El personal de atención al cliente debe escuchar de forma activa al cliente, para descubrir los motivos de compra, sus deseos y necesidades.

Información
- Se debe procesar toda la información recibida, con el objetivo de plantear soluciones y alternativas positivas y creativas.

Asesoramiento y venta
- En una empresa todos venden; es la premisa que se debe conocer, ya que la venta se produce en cuanto un cliente entra o llama a nuestra organización.

3.5. Vocabulario adecuado

Teniendo en cuenta que la atención al cliente se basa en la comunicación constante, un requisito indispensable de todo buen comunicador es **adaptarse a su interlocutor,** es decir, hay que tener presente que lo realmente importante durante la comunicación es que el cliente nos comprenda en todo momento, por lo que hay que expresarse en términos adaptados a él.

Para lograr este objetivo hay que:

1. Huir de los tecnicismos.

2. No creer que los clientes deben conocer todas las prestaciones del producto.

Este aspecto se soluciona aprendiendo el vocabulario adecuado a cada tipo de persona, a su nivel sociocultural y, sobre todo, a sus necesidades y deseos.

La cuestión es que la mayor parte de los profesionales encargados de la atención al cliente no caen en la cuenta de lo importante que es el vocabulario para conseguir los objetivos de forma eficaz, ya que, **junto a la imagen personal, es la tarjeta de presentación ante la figura del cliente.** Por tanto, es recomendable emplear un **vocabulario cómodo y actual, eliminando cualquier expresión negativa** dentro de lo posible y conocer en profundidad el vocabulario específico del sector de la actividad.

 EJEMPLO

De nada servirá comunicarse con una persona con un bajo nivel sociocultural utilizando los tecnicismos propios de una profesión compleja, ya que este no captará el mensaje en su totalidad.

4. Concepto de calidad útil y coste de la no calidad

En palabras de Mariana Pizzo, asesora en **sistemas de gestión de calidad,** "la calidad en el servicio es el hábito desarrollado y practicado por una organización para interpretar las necesidades y expectativas de sus clientes y ofrecerles, en consecuencia, un servicio ágil, adecuado, oportuno, seguro y confiable, aún bajo situaciones imprevistas o ante errores, de tal manera que el cliente se sienta comprendido, atendido y servido personalmente, y sorprendido con mayor valor al esperado, proporcionando mayores ingresos y menores costos para la organización".

Sin embargo, la calidad no siempre se ha entendido así, ya que desde su significado inicial como atributo del producto hasta el actual, **aplicado a todas las actividades de la empresa** y, por tanto, a su gestión se ha recorrido un largo camino. El caso es que en la actualidad los sistemas de calidad se basan en establecer el propósito de mejorar constantemente el producto y el servicio, con el fin de ser más competitivos y continuar en el mercado.

En este sentido, un requisito indispensable para lograr dichos objetivos es que todos los niveles y funciones de la empresa se involucren en **programas de aprendizaje para alcanzar la meta de la excelencia y la plena calidad.** Sin esta visión y concepto nada de lo expresado sobre la calidad tendría sentido.

Evolución histórica del concepto de calidad

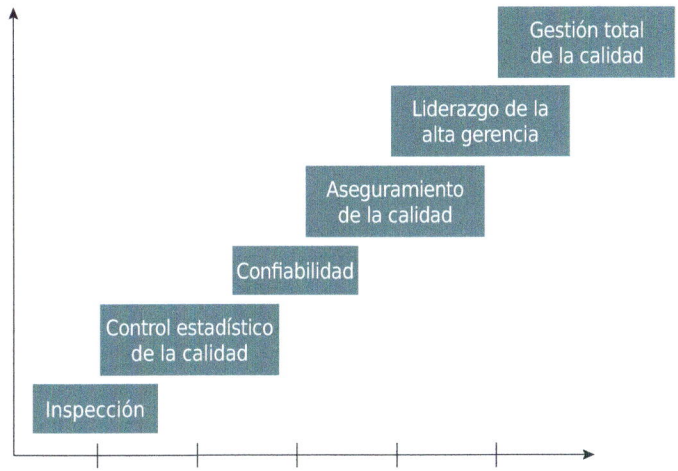

 ACTIVIDAD COMPLEMENTARIA

1. Lee detenidamente el artículo contenido en el siguiente enlace sobre la calidad y su evolución a lo largo de la historia:

https://redirectoronline.com/comm002po0103

En base a la lectura realizada, argumenta la siguiente afirmación sobre la mejora continua y aporta, al menos, tres ejemplos que la justifiquen: "Si

Continúa en página siguiente >>

<< Viene de página anterior

queremos ser competitivos en el mercado actual, tenemos que enfocarnos hacia la excelencia y eso solo se consigue a través de la mejora continua de nuestros productos y/o servicios".

4.1. La retroalimentación del sistema

La **retroalimentación del cliente** es uno de los **indicadores primarios de desempeño** que puede ser utilizado para juzgar la eficacia general del sistema de gestión de la calidad. Esto es, si se fabrica sin defectos o se presta un servicio sin defectos, el producto o servicio tendrá un coste menor, lo que permitirá ahorrar costes y/o establecer precios más competitivos.

De esta forma, el **coste asociado a la corrección de un error** será menor mientras antes se detecte en el proceso de desarrollo del producto o servicio, ya que no generará errores consecutivos; de hecho, existen estudios relacionados con los costes de la calidad en la empresa, donde se recogen los costes porcentuales clasificados en cuatro grandes grupos, tal y como se muestra a continuación:

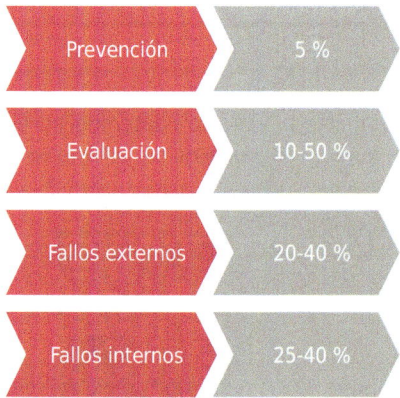

Prevención	5 %
Evaluación	10-50 %
Fallos externos	20-40 %
Fallos internos	25-40 %

IMPORTANTE

Los principios de calidad obligan a una actitud firme y determinada por parte de los diferentes estamentos de una empresa, ya que de lo contrario los costes se multiplican.

El procedimiento utilizado para la **evaluación de los costes de la calidad constituye un sistema organizativo de gran importancia** que ha permitido conocer la situación existente en la empresa en relación con dichos costes, determinando dónde inciden principalmente los gastos. Por ello, el liderazgo de la dirección debe ser representado de forma constante con una a**ctitud comprometida e implicada tanto en los resultados como en la confianza del equipo.**

En el siguiente esquema se observa de forma gráfica y resumida cómo todos los elementos de la empresa han de estar relacionados con la implicación en los **principios de calidad.**

Calidad y seguimiento de la atención al cliente

Existen tres **elementos fundamentales** que se deben considerar al hacer un seguimiento de los procesos de atención al cliente en la empresa y que buscan la calidad de los mismos:

- ⮑ **Determinación de las necesidades del cliente.** El cliente tiene todo el protagonismo en la decisión de sus necesidades y, sobre todo, de sus deseos, ya que en realidad son estos los que **determinan el éxito o no de un producto o servicio y su continuidad en el mercado.** Además, el cliente está siempre evaluando y comparando con el resto de las empresas para conseguir beneficios ocultos o declarados. Por lo tanto, **el cliente es el que lo decide todo,** el verdadero juez del proceso de calidad y sus consecuencias reales. Por ello, el objetivo de una organización orientada al cliente es dar soporte real y eficaz a los esfuerzos llevados a cabo por el personal para cumplir y sobrepasar las expectativas de la calidad total y permanente, de ahí la necesidad de elaborar estudios de mercado que analicen de forma sistemática y profesional hacia dónde se dirige el mercado, con el fin de romper las tendencias y asegurar resultados rentables en el futuro.

- **Revisión de los ciclos de servicio.** Hay que determinar las necesidades del cliente bajo parámetros de ciclos de atención. En la actualidad, las compras de los clientes se generan de una forma bastante libre y sin acogerse a reglas determinadas; no obstante, los sistemas de calidad que intentan buscar parámetros y medidas en los movimientos del cliente logran analizar **elementos comunes en la decisión de compra,** encontrándolos en secuencias temporales de consumo ligados a alimentación, belleza, moda, viajes, etc.

- **Encuestas de servicio con los clientes.** Un correcto control de atención debe partir siempre de una información especializada, en la que el usuario pueda expresar con claridad sus preferencias, dudas o quejas de manera directa a otra persona; en concreto, **una de las mejores formas de analizar los niveles de satisfacción del cliente es la realización de cuestionarios y análisis de comentarios en redes sociales y reseñas,** en los que se solicita su opinión acerca de diferentes actitudes, circunstancias y conocimientos del personal de atención y venta.

De estos elementos depende, en gran medida, el éxito de la calidad percibida.

 **EJEMPLO**

A continuación, se muestra un ejemplo de la evaluación realizada por un cliente incógnito *(mystery shopper),* una de las técnicas más utilizadas por las empresas para evaluar y medir la calidad en la atención al cliente:

Continúa en página siguiente >>

<< Viene de página anterior

FORMATO EVALUACIÓN CLIENTE INCÓGNITO

Servicio y atención al cliente	Máximo 27
Saludo al usuario.	10
Atendió con cortesía: procurando un contacto visual y sonrisa espontánea.	7
No interrumpió en ningún momento la atención para charlar, hablar por teléfono, etc.	5
Se despidió del cliente.	5

FORMATO EVALUACIÓN CLIENTE INCÓGNITO

Puesto de trabajo	Máximo 30
Dispone en su puesto de trabajo de los formularios y documentación necesaria.	10
Tiene una excelente presentación personal.	8
Portaba tarjeta identificativa.	10
Entregó un panel de sugerencias y solicitó que se evaluara el servicio.	5

5. Tipos de necesidades y cómo atenderlas

El mercado actual se podría definir como un **mercado globalizado en el que existen multitud de demandantes y oferentes.** Este aumento de la oferta que se está experimentando en las últimas décadas, gracias a que los consumidores pueden realizar sus compras en cualquier lugar del mundo utilizando internet, ha propiciado que las organizaciones hayan evoluciona- do modificando el enfoque de negocio tradicional y estén adoptando **estra- tegias enfocadas a los clientes.**

Para adoptar este tipo de estrategias es fundamental que desde la organi- zación se haga un esfuerzo para conocer cuáles son las necesidades de los consumidores, y este esfuerzo deberá prolongarse a lo largo del tiempo, ya que estas necesidades van cambiando a lo largo de los años.

Ha quedado atrás la época en la que las empresas utilizaban campañas de *marketing* masivas y diseñaban sus productos sin tener en cuenta las necesidades de los consumidores. El consumismo y la saturación del mercado han provocado que las empresas recopilen una gran cantidad de información sobre las necesidades de los clientes antes de lanzar sus productos.

 SABÍAS QUE...

Henry Ford publicó en su autobiografía la siguiente frase, que resume de manera escueta la forma de segmentar el mercado que utilizaba la empresa americana en esa época: "Cualquier cliente puede tener el coche del color que quiera siempre y cuando sea negro".

5.1. Detección de las necesidades del consumidor

La principal forma de detectar las necesidades de un cliente es la **investigación de mercados,** en la cual se involucra la observación y recopilación de información sobre el consumidor y sus preferencias.

El objetivo de toda investigación de mercados es **obtener datos importantes sobre el mercado y la competencia;** esto servirá de guía para la toma de decisiones.

Las investigaciones de mercado suelen reflejar cambios en la conducta del consumidor, cambios en los hábitos de compra y la opinión de los consumidores.

Las **principales herramientas** con las que cuentan las empresas para realizar investigaciones de mercado son las siguientes:

Con el uso de estas herramientas, las empresas consiguen información sobre aspectos relacionados con los clientes y sus necesidades. Cabe destacar que las preguntas que se realicen con cada una de estas herramientas deben estar bien diseñadas, y se deben incluir algunas preguntas de control para verificar que la información que se recibe es lo suficientemente objetiva y cierta.

 PARA SABER MÁS

Para ver diferentes tipos de encuestas, así como los elementos básicos para su diseño y algunos ejemplos, accede al siguiente enlace:

https://redirectoronline.com/comm002po0104

5.2. Clasificación de las necesidades según distintos tipos de criterios

Abraham Maslow, psicólogo estadounidense, desarrolló una teoría para explicar por qué a las personas les motiva una serie de cosas en determinados momentos de su vida.

Llegó a la conclusión de que las necesidades humanas siguen un orden jerárquico, desde las más urgentes a las menos urgentes, quedando representadas de forma gráfica en su pirámide de las necesidades, donde se relacionan motivos primarios y secundarios.

La **teoría de Maslow** propone que una vez satisfechas por parte del individuo las necesidades primarias, se desarrollan necesidades y deseos más elevados, según se asciende en la pirámide.

Pirámide de Maslow

5.3. Hábitos y comportamiento del consumidor: variables internas y externas que influyen en el consumidor

Puesto que la base de la actividad comercial es la satisfacción de las necesidades del cliente, el estudio del comportamiento del consumidor cobra una importancia notable en el ámbito de la comercialización.

El motivo por el que se adquiere un producto es el primer elemento que determina el comportamiento del consumidor. Estos se pueden clasificar de la siguiente forma:

Motivos primarios
- Son las necesidades elementales del individuo.

Motivos selectivos
- Responden a los deseos de las personas.

Motivos emocionales
- Responden principalmente a la satisfacción de los sentidos.

Motivos económicos o racionales
- Pueden ser el ahorro, la facilidad de uso, la utilidad, la calidad del servicio, etc.

Lo que hace que el consumidor tenga un comportamiento u otro depende, en muchos casos, de variables culturales; otras, de aspectos sociales, aunque también podemos encontrar la respuesta en factores personales y psicológicos.

A continuación se muestran las diferentes variables que pueden influir en el comportamiento del consumidor:

➲ Variables externas:

  ◔ **Factores culturales:** son los factores que más influyen en el consumidor y condicionan considerablemente sus comportamientos de compra:

    ⇕ **Cultura:** los deseos y comportamientos de una persona dependen de su cultura. Por tanto, es necesario que el comerciante conozca la cultura de sus clientes; así le será más sencillo vender sus productos.
    ⇕ **Clase social:** cada clase social presenta preferencias por distintos tipos de productos y marcas. Por tanto, las empresas deben conocer a qué clase social venden sus productos; de esta forma, conocerán más y mejor a sus clientes.

  ◔ **Factores sociales:** el comportamiento del consumidor también se ve influenciado por factores como los grupos de referencia y la familia:

⇕ **Grupos de referencia:** son los grupos que influencian al consumidor.

a. **Grupos de influencia directa:** amigos o compañeros de trabajo. En muchos aspectos, nos comportamos igual que nuestros amigos.
b. **Grupos de influencia indirecta:** son los llamados grupos de aspiración, esto es, los grupos a los que el individuo no pertenece, pero le gustaría pertenecer.

⇕ **Familia:** durante años este ha sido el grupo de referencia por excelencia. En función del tipo de producto a adquirir, la familia cobra más o menos importancia.

➲ Variables internas:

↻ **Factores personales:** tienen un grado de importancia menor, aunque las decisiones de compra también se encuentran influenciadas por factores de carácter personal:

⇕ **Edad:** a medida que los individuos van creciendo van cambiando sus necesidades y, por tanto, sus hábitos de consumo.
⇕ **Ocupación:** la ocupación es fundamental en determinadas empresas a la hora de ofertar sus productos.
⇕ **Estilo de vida:** influye en las actividades que realizan las personas y en sus opiniones.

↻ **Factores psicológicos:** hacen referencia al comportamiento, la manera de actuar e interpretar situaciones, los sentimientos y la filosofía de vida:

⇕ **Motivación:** un motivo es una necesidad lo suficientemente intensa como para impulsar al individuo a la búsqueda de esa satisfacción.
⇕ **Percepción:** dos personas con el mismo grado de motivación pueden actuar de distinta forma en función de la percepción que tengan de una situación. El vendedor y la imagen del producto pueden influir mucho en la percepción y, por tanto, en la opinión y valoración que un consumidor pueda tener de un producto.
⇕ **Creencias y aptitudes:** la creencia es el pensamiento que una persona tiene acerca de algo; la actitud es una evaluación que la persona hace de un objeto o una idea. En función de las creencias que tengas, tendrás actitudes positivas o negativas hacia algo.

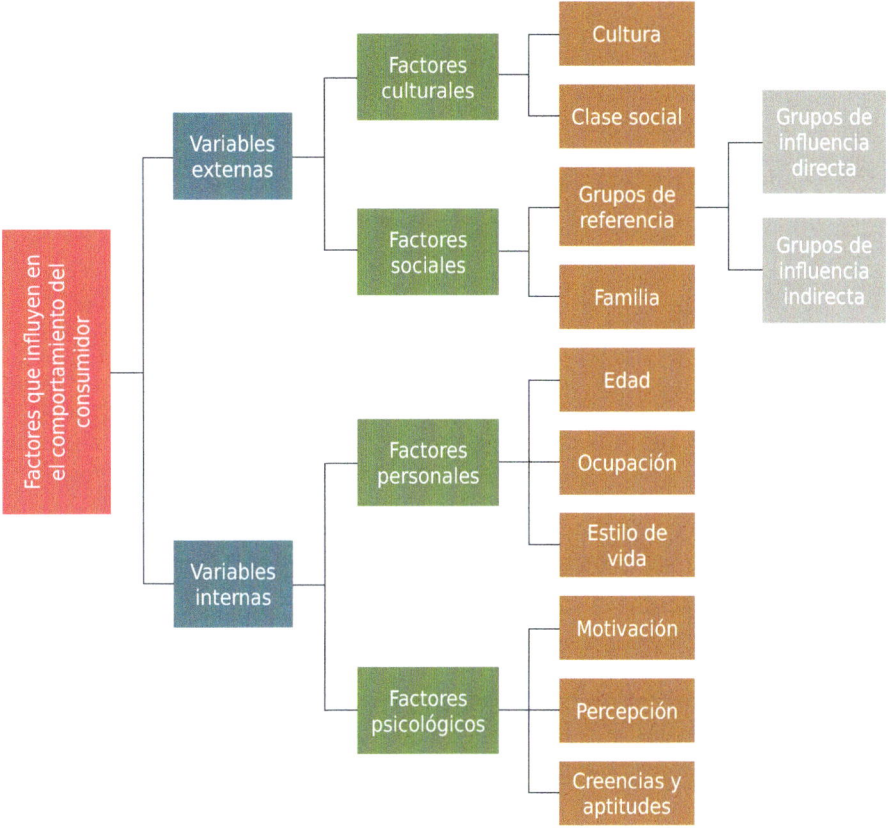

En función de los factores vistos, el consumidor puede presentar diferentes **comportamientos de compra:**

➲ **Comportamiento complejo de compra.** Se da cuando el consumidor se implica mucho en la compra. Se trata de procesos largos, pues es una compra muy meditada; los precios suelen ser altos.
Por ejemplo: en el caso de la compra de un coche, el consumidor se implica mucho en el proceso, busca, compara ofertas, etc.

➲ **Comportamiento habitual de compra.** Se trata de compras habituales para el consumidor. Son artículos de alto consumo con precios medios; el consumidor compara, pero el proceso es rápido.
Por ejemplo, la compra de productos para el hogar (alimentación, limpieza, etc.), la compra de ropa, complementos, etc.

➲ **Comportamiento de búsqueda variada.** Comportamiento de búsqueda variada.
Por ejemplo, la compra de galletas, ambientadores, yogures, dulces, etc., responde a este comportamiento de compra.

⊃ **Comportamiento reductor de disonancia.** Se da en productos caros en los que el consumidor no suele comparar mucho antes de realizar una compra. Se da en clientes fidelizados a una marca.

Por ejemplo, la compra de un aparato de televisión. Puede haber clientes que siempre compren la misma marca con independencia de que otra ofrezca las mismas prestaciones a menor precio.

 TAREA 1

Mariano acaba de entrar a trabajar en un *call center* que presta sus servicios a una conocida empresa de telefonía. Es la primera vez que trabaja atendiendo a clientes finales y no sabe bien cómo actuar para causar buena impresión.

Describe las características que deben configurar el servicio de atención al cliente de una empresa y los principios básicos de la atención al cliente.

6. Los trabajadores y la atención al cliente. El trato personalizado

Por lo general, los clientes esperan que las empresas realicen el servicio deseado de manera fiable y precisa, de ahí que un adecuado servicio de atención al cliente deba tener las características que se describen a continuación.

Orientación al mercado. Diferenciación

El mercado puede asimilarse con un organismo social compuesto por numerosos personajes, entre los cuales el cliente es el protagonista. El mercado se ha vuelto extremadamente competitivo y los bienes y servicios ofertados son cada vez más parecidos entre sí, por lo que la atención al cliente se ha convertido en un elemento fundamental de diferenciación, y debe tener en cuenta tanto al cliente como a la serie de colaboradores que influyen en su conducta de compra: sus familiares y amigos, personas con experiencias o conocimientos del producto que se desea comprar, etc.

Conocimiento, necesidades y expectativas del cliente

El cliente es el desencadenante del éxito o el fracaso de las actividades de cualquier empresa y, por ello, es necesario conocerlo en profundidad. Los clientes acuden a un establecimiento determinado con unas necesidades y expectativas concretas sobre lo que desean adquirir, y también esperan recibir el trato adecuado para ello o, lo que es lo mismo, van con una serie de expectativas. Por ello, es necesario que el personal en contacto con dichos clientes conozca esas necesidades y expectativas para poder responder adecuadamente al cliente y darles una atención eficiente. El personal que está directamente en contacto con el público debe estar suficientemente capacitado para poder identificar las necesidades de los potenciales clientes y poder ofrecerles así aquellos productos que realmente satisfagan sus necesidades. Dichas necesidades se manifiestan en el mercado en forma de demandas.

Flexibilidad y mejora continua

Las empresas deben estar preparadas para adaptarse a posibles cambios en su sector y a las necesidades crecientes de los clientes.

Orientación al trabajo y al cliente. Satisfacción

Una correcta atención al cliente contemplará la orientación del trabajo hacia el trato y los procedimientos. De este modo, el cliente se mostrará satisfecho con la compra por la atención que ha recibido y percibido, igual o superior a la atención que realmente esperaba recibir. Dicha satisfacción no solo se consigue mediante el producto o servicio en sí, sino que también juega un papel muy importante la atención al cliente y, por consiguiente, la calidad de servicio.

7. Resumen

La atención al cliente ha cobrado especial relevancia en el sector empresarial en las últimas décadas. Esto ha venido impulsado en parte por el importante crecimiento que ha experimentado el mercado y, en consecuencia, la gran competencia que acecha en el mismo.

Este hecho ha llevado a las empresas a buscar una diferenciación de la competencia, ofreciendo un excelente servicio al cliente. Los principios básicos que se deben seguir en su atención son los siguientes:

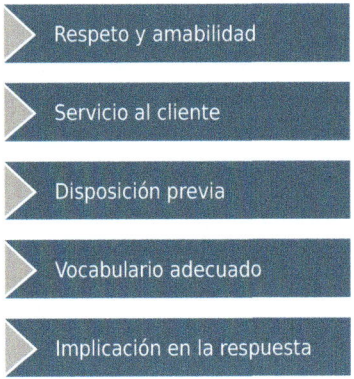

El aumento de la oferta empresarial también ha traído consigo un cambio en las estrategias empresariales, enfocadas ahora en ofrecer a los clientes productos que realmente puedan cubrir sus necesidades. Para conocer cuáles son estos productos es necesario que las empresas detecten cuáles son esas necesidades y la forma de atenderlas, valiéndose para ello de las siguientes herramientas de investigación de mercados:

Ejercicios de autoevaluación
Unidad de Aprendizaje 1

1. Identifica cuáles de los siguientes elementos generan satisfacción en el cliente.

   a. Rapidez en la entrega de servicios.
   b. La no utilización de la asertividad.
   c. Eficacia en la resolución de conflictos.
   d. Cortesía y amabilidad de los empleados.

2. Indica si las siguientes afirmaciones son verdaderas o falsas.

   a. Un buen comunicador utilizará siempre tecnicismos para dirigirse a su interlocutor.

   - ■ Verdadero
   - ■ Falso

   b. El vocabulario utilizado deberá adaptarse siempre a cada tipo de persona, a su nivel sociocultural y a sus necesidades y deseos.

   - ■ Verdadero
   - ■ Falso

3. El coste asociado a la corrección de un error será menor mientras antes se detecte en el proceso de desarrollo del producto o servicio. En base a esto, relaciona cada coste porcentual con el grupo al que corresponde.

   a. Prevención
   b. Evaluación
   c. Fallos externos
   d. Fallos internos

   __ 10 % al 50 %
   __ 5 %
   __ 25 % al 40 %
   __ 20 % al 40 %

4. Determina cuáles de las siguientes herramientas son de uso cotidiano por las empresas para realizar investigaciones de mercado.

    a. *Telemarketing*
    b. Entrevistas
    c. Sondeos
    d. *Hinterland*

5. Indica si las siguientes afirmaciones son verdaderas o falsas.

    a. Los motivos emocionales que determinan el comportamiento del consumidor responden a los deseos de las personas.

        ■ Verdadero
        ■ Falso

    b. Los motivos selectivos responden principalmente a la satisfacción de los sentidos.

        ■ Verdadero
        ■ Falso

6. Respecto a los factores que influyen en el comportamiento del consumidor, determina cuál de los siguientes corresponden a factores personales.

    a. Motivación
    b. Percepción
    c. Estilo de vida
    d. Creencias

7. El comportamiento de compra que se da en productos caros en los que el consumidor no suele comparar mucho antes de realizar una compra se denomina:

    a. Búsqueda variada
    b. Habitual
    c. Reductor de disonancia
    d. Complejo

Unidad de Aprendizaje 2

Calidad en la atención al cliente

Contenido

Objetivos

El objetivo general de esta Unidad de Aprendizaje es:

→ Prestar un servicio de calidad en la atención al cliente.

Los objetivos específicos de esta Unidad de Aprendizaje son:

→ Diferenciar las fases del proceso de implantación de un sistema de calidad.

→ Conocer el concepto de cliente interno y externo.

→ Determinar qué elementos conforman la satisfacción de los clientes.

1. Introducción

Hoy en día existe una feroz competencia entre las empresas por ser las primeras en lograr la atención del cliente, por lo que es necesario que cada una de ellas establezca sus propias estrategias respecto a la calidad del servicio al cliente, con el fin de poder implantarla correctamente dentro de su política, ampliando así su cartera de clientes y desarrollando un ambiente de mayor confianza, tanto para sus trabajadores como para sus clientes actuales y futuros.

Estrechamente relacionada con la buena calidad en la atención al cliente, nos encontramos con la palabra **reputación,** muy de moda en los últimos años y ligada al número de seguidores / *likes* / estrellas o valoraciones de una marca. La reputación es el prestigio y la opinión que tienen las personas respecto a una marca o empresa. Así, la atención al cliente es un factor clave en el desarrollo de este posicionamiento de marca/empresa, junto con los atributos del producto/servicio.

El servicio al cliente ha cobrado fuerza en base al aumento de la competencia, ya que mientras más numeroso sea, mayores oportunidades tendrán los clientes de decidir en qué lugar desean adquirir el producto o servicio que necesitan. Es justamente en este punto donde radica la importancia de perfeccionar y adecuar el servicio a las posibles necesidades de los clientes. Así, para poder familiarizarse con la calidad en el servicio al cliente, es fundamental conocer los conceptos básicos del mismo, esto es, gestión de la calidad, indicadores de satisfacción del cliente, clientes internos y externos, habilidades en el trato con el cliente y organización del servicio.

2. Planificación y organización de la atención al cliente

La atención al cliente puede entenderse como **el servicio que prestan las empresas que ofrecen servicios y/o comercializan productos** a los clientes para la satisfacción de sus necesidades, entre las que se encuentran:

> Realizar quejas, reclamaciones o sugerencias.

Continúa en página siguiente >>

<< Viene de página anterior

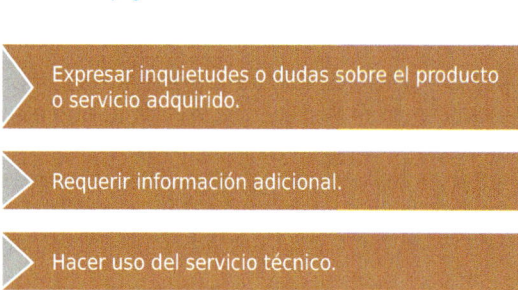

Expresar inquietudes o dudas sobre el producto o servicio adquirido.

Requerir información adicional.

Hacer uso del servicio técnico.

Al mismo tiempo, la atención o servicio al cliente puede concebirse como un concepto de trabajo, es decir, una manera de hacer las cosas que afecta a la totalidad de la organización, tanto en la forma de atender al público externo (clientes) como al público interno (trabajadores, accionistas, etc.).

NOTA

La atención al cliente puede llevarse a cabo a través de diferentes medios: presencial, teléfono, *online*, etc., siempre tratando de adaptarse a las necesidades de los clientes.

Según Bernard J. La Londe y Paul H. Zinser, en su obra ***Customer Service: Meaning and Measurement,*** los elementos de la atención al cliente se desglosan en los siguientes elementos/funciones:

Antes de la venta
- Política de servicio al cliente.
- Transmisión de la política de servicio al cliente.
- Estructura organizativa adecuada.
- Flexibilidad del sistema.
- Servicios de gestión y apoyo.

Continúa en página siguiente >>

<< Viene de página anterior

Durante la venta
- Disponibilidad de existencias.
- Información de pedidos.
- Precisión en la información.
- Consistencia en el ciclo de pedidos.
- Envíos especiales de mercancía.
- Transporte.
- Facilidad de realización de pedidos.
- Sustitución del producto.

Después de la venta
- Instalación, garantía, alteraciones, reparaciones, etc.
- Trazabilidad del producto.
- Reclamaciones, quejas y devoluciones del cliente.
- Sustitución temporal de productos.

2.1. Gestión de las relaciones con los clientes

Hoy en día, las empresas deben estar totalmente orientadas al cliente, por lo que la gestión de las relaciones con los clientes representa un área clave y crítica para la competitividad de la empresa.

Dentro del amplio espectro de la gestión de las relaciones con los clientes, una parte importante es la comunicación y la interacción con ellos. Es precisamente ahí donde las nuevas tecnologías pueden ofrecer ventajas competitivas para lograr una diferenciación con la competencia.

 **DEFINICIÓN**

CRM

La gestión de las relaciones con el cliente *(Customer Relationship Management* o CRM) es el conjunto de estrategias de negocio, *marketing,* comunicación e infraestructuras tecnológicas, diseñadas con el fin de construir una relación duradera con los clientes, identificando, comprendiendo y satisfaciendo sus necesidades.

La **finalidad del CRM** consiste en atraer y retener a los clientes de la forma más exitosa posible a través de un proceso lógico soportado por la tecnología de la información; de esta forma, la organización puede centrar su atención en el cliente para interactuar más efectivamente con él, identificar su importancia, retenerlo y evitar que se vaya con la competencia.

En este sentido, para el desarrollo correcto de una **estrategia de CRM** es necesario poner en funcionamiento cuatro engranajes básicos, que continuamente deben estar actualizados:

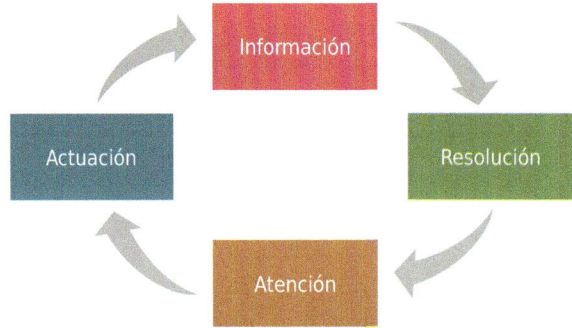

Aunque el área de *marketing* y gestión comercial es la que mayores beneficios obtiene de la aplicación del CRM, la **repercusión de esta herramienta** se hace extensible a las demás áreas de la empresa, aportando las siguientes mejoras:

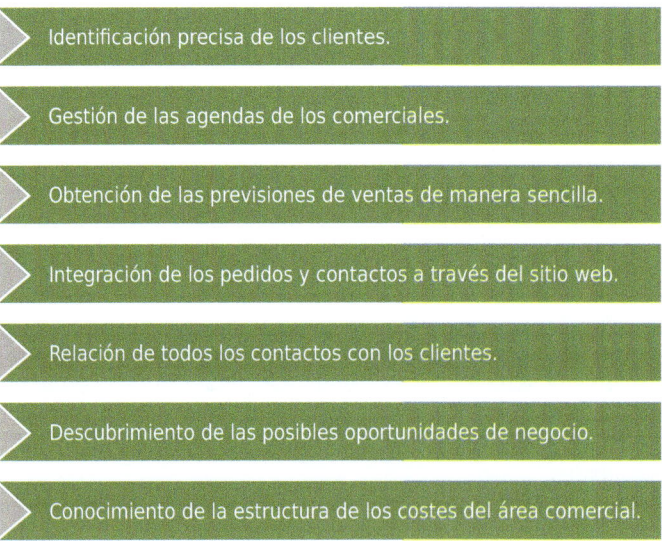

3. Gestión de la calidad en la atención al cliente

Desde un punto de vista genérico, la **implantación de un modelo de calidad total** en las empresas exige que los productos o servicios no se conciban sobre la base de las funciones tradicionales y habituales, sino a través de una red de procesos que se desarrollan en la misma y se adaptan a las nuevas formas de producción y comunicación empresarial. Para ello, la **mentalidad de cambio** es la que debe prevalecer sobre las demás.

Esa mentalidad de cambio es la que ha hecho que en los últimos años se haya pasado de mercados restringidos, locales y de alta demanda y consumo a **mercados internacionales y de oferta,** debido principalmente a los siguientes factores:

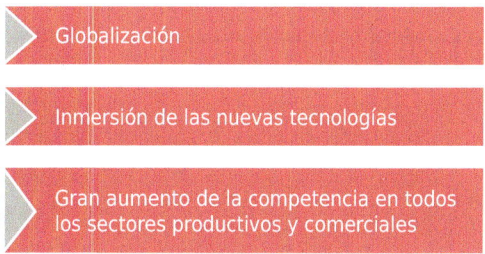

Globalización

Inmersión de las nuevas tecnologías

Gran aumento de la competencia en todos los sectores productivos y comerciales

IMPORTANTE

Las empresas actuales han aceptado el comercio electrónico como un elemento de desarrollo rentable que transforma los límites tradicionales de la relación con el cliente.

- -

PARA SABER MÁS

Accede al siguiente enlace para consultar un documento en el que se exponen los resultados esperados de una empresa que cuenta con la acreditación ISO 9001 Sistemas de gestión de la calidad.

Continúa en página siguiente >>

<< Viene de página anterior

https://redirectoronline.com/comm002po0201

No se debe olvidar que el objetivo de todo proceso de calidad es la **adaptación de la realidad de la empresa a los nuevos mercados, productos y servicios que el mercado demanda,** lo cual se traduce en una toma de decisiones que afectan a diversos aspectos de la misma:

> Posibilidad de acortar los tiempos de creación y producción de los elementos y a costes bajos.

> Presentación de productos más competitivos, adaptados a las nuevas exigencias del mercado.

> Transformación de los sistemas de trabajo en lo referente a medios de producción, formas más rigurosas de control de resultados, etc.

> Desarrollo de una nueva cultura empresarial, debido al auge obligado del trabajo en equipo.

> Desarrollo de una nueva política de sostenibilidad y alineada con los Objetivos de Desarrollo Sostenible de la Agenda 2030 de la ONU, así como el desarrollo de acciones de Responsabilidad Social Corporativa.

La Responsabilidad Social Corporativa (RSC) se define como la acción activa y voluntaria de las empresas en la mejora de toda su cadena de valor, no solo con sus accionistas, si no con toda la sociedad, dando una respuesta más allá de los requisitos mínimos legales. De ahí que se desarrollen actividades que repercuten en la sociedad, en cualquiera de estos tres ámbitos: social, económico y ambiental.

NOTA

Más que un sistema, el proceso de calidad es la aceptación de un estilo de responsabilidad de todo el personal, una forma de analizar y actuar permanente y continua.

EJEMPLO

Existen modelos de gestión de la calidad en los que se elimina el departamento de control de calidad para ahorrar costes, encargándose los propios trabajadores de realizar este control. Este sistema de calidad desarrolla una nueva cultura empresarial, transforma los sistemas de trabajo y disminuye los costes.

Hoy en día, la **gestión total de la calidad** (*Total Quality Management*) se ha convertido en un imperativo para la empresa, indispensable para el crecimiento y la supervivencia de la misma en cualquiera de los entornos en los que actúe. A través de ella, se busca:

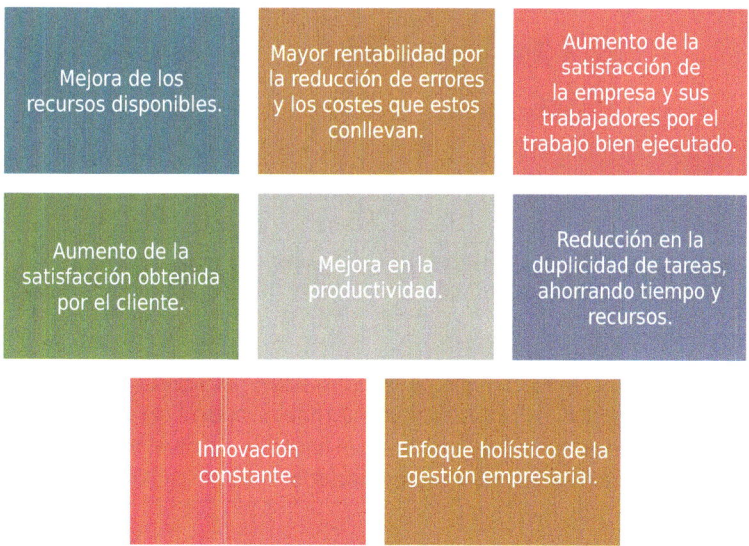

De esta forma, **la gestión de la calidad se mide en base a una serie de normas homogéneas a aplicar de forma general** a todas las organizaciones que deseen obtenerla, sin importar su tipo, tamaño o su dedicación concreta.

NOTA

Si bien el concepto de sistema de gestión de la calidad, nace de la industria manufacturera, este puede ser aplicado a cualquier sector.

El objetivo es que la gestión de la calidad se convierta en un **proceso de mejora constante, que además sea compatible con los demás sistemas de control y mejora de la empresa,** como el de control de la producción, el de política medioambiental, el de prevención de riesgos laborales u otros sistemas que busquen la mejora de los productos y servicios de una empresa.

La empresa actual sabe que **la implantación de un sistema de gestión de calidad se debe hacer a través de la normalización, certificación y acreditación** de la misma, procesos que normalmente están guiados y supervisados por una entidad independiente que controla que dicho proceso se desarrolle siguiendo unos parámetros y sistemas determinados, y se adecúen todos los pasos a unas normas establecidas a nivel internacional.

De esta forma, toda empresa que quiera demostrarle a sus clientes que se preocupa por la calidad de sus productos puede comenzar a desarrollarlas, al igual que **es importante que sus trabajadores conozcan el desarrollo de estos sistemas**, ya que sin el convencimiento de que estos procesos mejoran sus condiciones de trabajo nada de esto tendría sentido.

Las definiciones expuestas a continuación para cada una de las fases vienen dadas por la Organización Internacional de Estandarización (ISO), organismo internacional que controla la calidad a nivel internacional y es responsable de otorgar dichos certificados.

SABÍAS QUE...

La norma ISO 9001: Sistemas de gestión de la calidad está enfocada a empresas que necesitan mejorar la calidad en sus procesos, otorgándole así una ventaja competitiva frente a sus competidores.

ACTIVIDAD COMPLEMENTARIA

2. Razona acerca de cuáles son las ventajas de implantar un sistema de gestión de la calidad en la empresa.

Según la Organización Internacional de Estandarización, la primera fase que una empresa debe cumplir es la **normalización**.

DEFINICIÓN

Normalización
Es una actividad colectiva encaminada a establecer soluciones a situaciones repetitivas. En particular, esta actividad consiste en la elaboración, difusión y aplicación de determinadas normas.

La normalización **proporciona notables ventajas a las organizaciones,** tanto en lo referente a la actividad profesional como al propio bienestar y seguridad de los trabajadores.

La segunda fase del proceso de calidad es la **certificación,** que se define como la acción llevada a cabo por una entidad reconocida como independiente de las partes interesadas, mediante la cual se dispone que los **productos y servicios de una empresa tengan la confianza adecuada conforme a una norma** o documento normativo.

En esta fase, se observa cómo la entidad certificadora responsable **verifica los procesos que desarrolla la empresa,** tal y como se expresó durante la fase anterior de normalización, y cumple dichas normas de forma rigurosa y exhaustiva respecto a lo citado, por todo lo cual **certifica que dicha empresa está cumpliendo con su compromiso de forma veraz.**

Al igual que en la fase anterior, la certificación permite obtener a las empresas cuantiosas **ventajas** en relación a los porcentajes que resultan de los parámetros de calidad y número de clientes, entre otros.

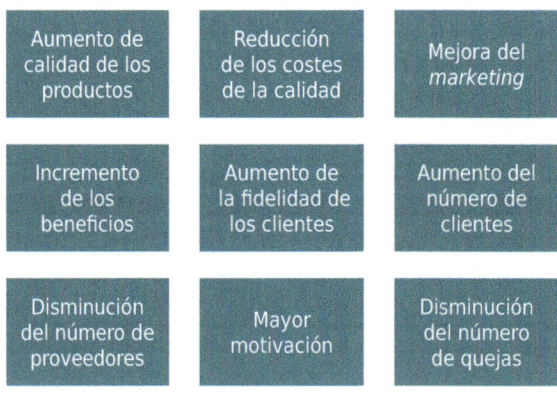

La tercera y última fase a la que se acudiría es la de acreditación. En esta, la organización independiente de calidad emite una acreditación internacional, haciendo pública que dicha empresa reúne todos los requisitos para ser tenida en cuenta como una organización de calidad establecida y reconocida.

 **DEFINICIÓN**

Acreditación
Es el procedimiento mediante el cual un organismo de acreditación autorizado reconoce formalmente que una organización es competente para realizar una determinada actividad de evaluación de la conformidad.

Dicho de otra forma, la entidad entregará a la empresa un certificado de reconocimiento internacional, permitiéndole usar un **sello distintivo de la calidad normalizada, certificada y acreditada** de forma legal.

El proceso de acreditación implica la autoevaluación de todas las áreas o servicios de la organización, así como una evaluación en detalle por un equipo de expertos externos. Por lo tanto, las **fases a seguir para la implantación de un modelo de acreditación** son las que se exponen a continuación:

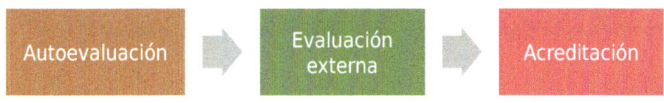

Por su parte, la **evaluación de la calidad** requiere la traducción de sus objetivos a criterios, estándares e indicadores del desempeño de cada miembro del personal y del rendimiento de todo el sistema.

 **TAREA 2**

Tamara es propietaria de una imprenta digital que se dedica fundamentalmente a la impresión bajo demanda de álbumes de fotos y calendarios personalizados. Para mejorar la gestión del negocio y la atención al cliente ha decidido implantar un sistema de calidad.

Explica las fases del proceso de implantación de un sistema de calidad en la empresa.

4. Cliente interno y externo

Los clientes de la empresa son el eje sobre el que debe girar todo negocio; en este sentido, la norma ISO 9000:2015 los define de la siguiente forma:

> *Un cliente es una persona u organización que podría recibir o que recibe un producto o un servicio destinado a esa persona u organización o requerido por ella.*

A raíz de esta definición se puede comprender que en las empresas existen dos tipos de clientes: el **cliente interno** y el **cliente externo.**

4.1. Cliente externo

Es el cliente que compra productos o servicios a la organización. Estos clientes son la principal fuente de ingresos de la empresa, por lo que se les debe brindar un excelente servicio, intentando siempre superar sus expectativas y conseguir así que realicen compras repetidas en el establecimiento.

Las empresas deben intentar superar las expectativas del cliente en todo momento.

 EJEMPLO

Si eres dueño de una tienda de moda, tus clientes externos serán las personas que se acercan al comercio para comprar tus productos.

4.2. Cliente interno

El cliente interno es aquel empleado que necesita la ayuda de otros empleados para desempeñar adecuadamente su trabajo. Esta figura es fundamental en cualquier organización, ya que el trato entre los clientes internos influirá directamente en la elaboración de los productos o servicios y esto, a su vez, en la imagen corporativa de la empresa.

Operario esperando a que su compañero termine una pieza.

IMPORTANTE

Si no existe una buena relación entre los empleados de una organización pueden surgir enfrentamientos que redunden en un mal servicio al cliente.

5. Indicadores de satisfacción al cliente

Los principales **elementos que conforman la satisfacción del cliente** son los siguientes:

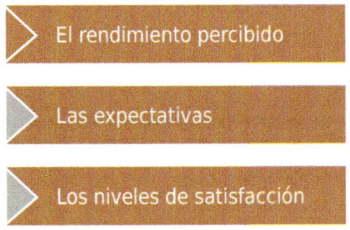

El rendimiento percibido

Las expectativas

Los niveles de satisfacción

A continuación, se analizará más detalladamente cada uno de ellos.

5.1. El rendimiento percibido

Hace referencia al **valor que el cliente considera que ha logrado** tras la adquisición de un producto o servicio. Sus características son:

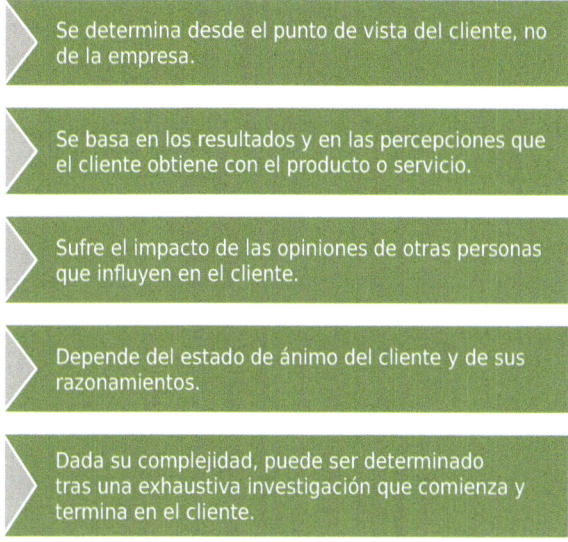

Se determina desde el punto de vista del cliente, no de la empresa.

Se basa en los resultados y en las percepciones que el cliente obtiene con el producto o servicio.

Sufre el impacto de las opiniones de otras personas que influyen en el cliente.

Depende del estado de ánimo del cliente y de sus razonamientos.

Dada su complejidad, puede ser determinado tras una exhaustiva investigación que comienza y termina en el cliente.

5.2. Las expectativas

Hacen referencia a **aquello que los clientes esperan conseguir** al consumir un bien o servicio. Se crean por el efecto de una o más de estas situaciones:

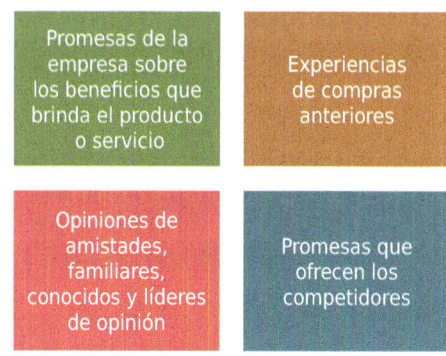

Promesas de la empresa sobre los beneficios que brinda el producto o servicio

Experiencias de compras anteriores

Opiniones de amistades, familiares, conocidos y líderes de opinión

Promesas que ofrecen los competidores

La empresa debe establecer el nivel correcto de expectativas.

IMPORTANTE

Los índices de satisfacción del cliente no siempre indican una disminución en la calidad de los productos o servicios; en muchos casos, son el resultado de un aumento en las expectativas.

Por ello, se debe saber si las expectativas están dentro de lo que la empresa puede proporcionar al cliente; si están a la par, por debajo o por encima de las expectativas que genera la competencia; y si coinciden con lo que el cliente promedio espera, para animarse a comprar.

5.3. Los niveles de satisfacción

La noción de satisfacción del cliente hace referencia al **nivel de conformidad** del mismo cuando realiza una compra o utiliza un servicio. Los clientes experimentan tres niveles de satisfacción:

Dependiendo del nivel de satisfacción del cliente se puede conocer el grado de lealtad hacia una marca o empresa, ya que un cliente insatisfecho cambiará de marca o proveedor de forma inmediata. Por su parte, el cliente satisfecho se mantendrá leal, pero solo hasta que encuentre otro proveedor que tenga una oferta mejor. En cambio, el cliente complacido será leal a una marca o proveedor porque siente una afinidad emocional que supera a una simple preferencia racional (lealtad incondicional).

SABÍAS QUE...

En líneas generales, todas las empresas persiguen la satisfacción de sus clientes; para ello, se comprometen a entregar lo que estos necesitan. Además, determinadas empresas aportan un valor añadido para que el cliente vea superadas sus expectativas.

TAREA 3

Vanesa trabaja en el departamento de producción de una carpintería familiar dedicada a la fabricación y venta muebles. Esta se encuentra dividida en departamentos y en cada uno de ellos se realizan tareas diferentes: acondicionamiento de la madera, montaje, barnizado, etc.

Desde la empresa quieren adoptar un modelo de trabajo que les permita llegar al máximo número de clientes, por lo que es necesario que conozcan los elementos que conforman su satisfacción.

Define el concepto de cliente interno y externo, y explica cuáles son los elementos que conforman la satisfacción de los clientes.

6. Potencial para el trato con clientes

El potencial para el trato con los clientes hace referencia al conjunto de competencias y habilidades que se deberán desarrollar para prestar un adecuado servicio al cliente. Un término que se podría utilizar para describir este potencial es el **empoderamiento.**

Según G. M. Spreitzer:

El empoderamiento es un proceso continuo y que abarca múltiples facetas, un sistema cuyo objetivo es el desarrollo y potenciación de las capacidades personales. Consiste en un método en el que la congruencia del trabajo, autonomía, autoconfianza y el impacto global de la actividad sean propiamente los factores que actúan psicológicamente como elemento motivador de la mejora continua del rol de trabajo de cada individuo.

IMPORTANTE

El empoderamiento es un proceso mediante el cual se consigue motivar a los empleados en el desarrollo de su trabajo para la congruencia de los objetivos empresariales.

- -

Las personas que se encuentran directamente en contacto con el cliente deben tener una actitud abierta que les ayude a ponerse en el lugar de los clientes y comprender mejor sus necesidades. En este sentido, resulta necesario que los trabajadores desarrollen habilidades como **la empatía, la asertividad o la escucha activa.**

Para conseguir que los trabajadores adopten este proceso de mejora continua, desde la empresa deben seguirse una serie de recomendaciones:

- Se deben marcar a los empleados unos objetivos concretos y alcanzables.
- Los trabajadores deben poseer autonomía para desarrollar su trabajo.
- Las empresas confiarán en sus empleados a medida que estos demuestren tener la experiencia y habilidades necesarias para desarrollar su trabajo.
- La empresa ofrecerá al empleado retroalimentación sobre sus progresos.

7. El profesional de la atención al cliente. Cualificación, formación y motivación

En cualquier proceso de mejora de la calidad de una empresa **el factor clave es el cliente, ya que de él dependen los requisitos del producto o servicio ofrecido,** y de sus niveles de satisfacción el inicio permanente del proceso de mejora.

Aunque existen empresas que relegan las inquietudes y necesidades del trabajador a un segundo plano, también hay otras que son conscientes de la necesidad de contar con una **plantilla motivada y satisfecha.** Dicho esto, el **sistema de desarrollo de la calidad** debería ayudar a **fomentar una percepción más atractiva del trabajo, contribuyendo a la búsqueda de la excelencia** de la empresa como conjunto y de cada persona de forma individual.

Orientar los esfuerzos hacia la excelencia empresarial implica obtener la máxima eficiencia posible en todos los procesos de gestión.

Si la motivación del trabajador está directamente relacionada con la productividad y la rentabilidad, es prácticamente una **obligación de las empresas disponer de trabajadores motivados y comprometidos,** para lo cual se pueden adoptar distintos tipos de incentivos: económicos, horarios flexibles, bolsa de horas, teletrabajo, descuentos, política de compensación y beneficios, oportunidades de desarrollo, días libres o vacaciones, reconocer los logros alcanzados, crear expectativas de futuro, etc. A fin de cuentas, un personal bien motivado es el activo más importante de la empresa.

IMPORTANTE

El mejor sistema para crear un equipo es a través de un personal motivado que sea consciente de la importancia de su trabajo, tanto en el resultado final como en la calidad de su empresa.

EJEMPLO

Para mantener a sus trabajadores motivados, empresas como *Google* ofrecen a sus trabajadores guarderías, *spa*, lavanderías o masajes en el lugar de trabajo.

ACTIVIDAD COMPLEMENTARIA

3. Identifica cuáles son las distintas técnicas que utilizan las empresas para mantener motivada a su plantilla.

----

8. Resumen

La calidad de servicio juega un papel fundamental en aquellas organizaciones que quieran fijar su visión y obtener una posición reconocida y continuada en el tiempo. Hoy en día, se puede observar que el atributo que contribuye a que una organización se posicione a largo plazo es la opinión de los clientes sobre el servicio que reciben.

Si una organización se dedica a ofrecer calidad en su servicio, tiene una misión determinada que se encuentra influenciada por el concepto de calidad que la misma posea. En este sentido, los elementos de control y las medidas correctoras resultarán fundamentales para detectar, corregir y evitar las posibles no conformidades que se produzcan en el sistema de gestión de la calidad de una empresa u organización.

Para ello, es importante que la empresa se preocupe periódicamente de conocer el nivel de calidad de la misma en general y de su servicio de atención
al cliente en particular. Los principales elementos que conforman la satisfacción del cliente son:

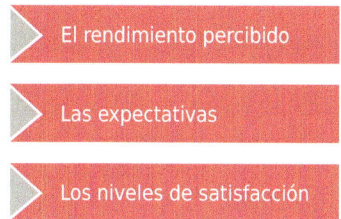

El rendimiento percibido

Las expectativas

Los niveles de satisfacción

El empoderamiento es un proceso de mejora continua cuyo principal objetivo es el desarrollo y potenciación de las capacidades personales. El principio básico para que este se desarrolle es la motivación de los empleados,
un concepto que deben tener muy en cuenta las organizaciones para conseguir la excelencia empresarial.

Ejercicios de autoevaluación
Unidad de Aprendizaje 2

1. Indica si las siguientes afirmaciones son verdaderas o falsas.

    a. Los clientes internos conforman la principal fuente de ingresos de la organización.

- ■ Verdadero
- ■ Falso

    b. Si no existe una buena relación entre los clientes internos de una organización, pueden surgir enfrentamientos que redunden en un mal servicio al cliente externo.

- ■ Verdadero
- ■ Falso

    c. Las personas que se encuentran directamente en contacto con el cliente deben tener una actitud abierta que les ayude a ponerse en el lugar de los clientes y comprender mejor sus necesidades.

- ■ Verdadero
- ■ Falso

2. Para conseguir que los trabajadores adopten un proceso de mejora continua, desde la empresa se seguirán las siguientes recomendaciones:

    a. Se definirán objetivos ambiguos y alcanzables.
    b. Los trabajadores deben poseer autonomía para desarrollar su trabajo.
    c. La empresa ofrecerá al empleado retroalimentación sobre sus progresos.
    d. Las empresas confiarán siempre en sus empleados.

3. Según la obra *Customer Service: Meaning and Measurement,* identifica cuál de los siguientes elementos se clasifica como "durante la venta".

    a. Disponibilidad de existencias.
    b. Política de servicio al cliente.
    c. Servicios de gestión y apoyo.
    d. Trazabilidad del producto.

4. Ordena las fases de implantación de un sistema de gestión de la calidad.

    a. Certificación
    b. Acreditación
    c. Normalización

5. Identifica cuáles de los siguientes elementos conforman la satisfacción del cliente.

    a. Rendimiento percibido
    b. Expectativas
    c. Niveles de satisfacción
    d. Valor añadido

La comunicación. Fases en la atención al cliente

Contenido

Objetivos

El objetivo general de esta Unidad de Aprendizaje es:

→ Comunicarse con los clientes utilizando los recursos más adecuados en cada caso.

Los objetivos específicos de esta Unidad de Aprendizaje son:

→ Desarrollar cada una de las fases de la atención del cliente.

→ Describir las principales técnicas de comunicación presenciales y no presenciales que se utilizan en el ámbito empresarial.

1. Introducción

La comunicación es la principal forma que tienen las empresas de crear relaciones con los clientes. Es por ello que este proceso cobra especial relevancia en el mundo empresarial. Un buen comunicador será capaz de transmitir al cliente los beneficios de un producto y, por tanto, cerrar más ventas.

Hay que tener en cuenta que comunicar es un proceso mediante el cual un emisor transmite un mensaje al receptor, del que se espera una retroalimentación. Es imprescindible, por tanto, que el personal de la empresa desarrolle habilidades como la escucha activa o la empatía para comunicarse correctamente.

Cuando se trata de comunicaciones entre la empresa y el cliente, estas se pueden desarrollar de forma verbal y no verbal en las comunicaciones presenciales, o utilizando herramientas como el correo electrónico o el teléfono en las comunicaciones no presenciales.

2. Conocer los productos, conocer los clientes

En la actualidad, los clientes son los que manejan las relaciones comerciales. No están dispuestos a que no se les trate bien y a que no se les entregue lo que esperan. Para el cliente, un servicio no es mejor porque sea más eficiente, sino porque su calidad sea mayor y se ajuste mejor a sus requerimientos.

Con anterioridad, las empresas enfocaban sus objetivos hacia el incremento de las ventas, pero en la actualidad la mayoría enfocan toda su atención en el servicio al cliente, orientándose hacia este y procurando armonizar con él y reconducirlo en situaciones difíciles.

Para ofrecer un adecuado servicio al cliente es preciso conocer las preferencias de los mismos, así como los productos que comercializa la empresa; esto permitirá al vendedor solucionar de forma rápida y eficaz cualquier duda que el cliente pueda presentar.

Los vendedores deben conocer las características del producto o servicio que ofrecen.

2.1. Conocimiento del producto

Uno de los principales pasos para producir ventas con éxito es la demostración del producto, por lo que se necesitan conocer sus características para convertirlas en beneficios para el cliente.

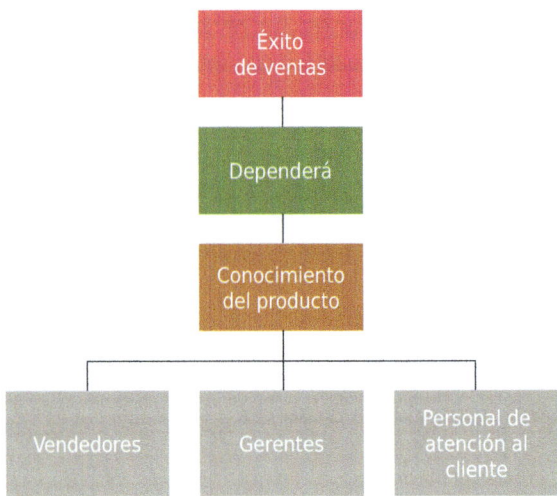

Un vendedor competente y profesional puede vender cualquier tipo de producto aplicando las técnicas de venta adecuadamente, aunque es esencial que estas técnicas se combinen con un conocimiento exhaustivo del producto.

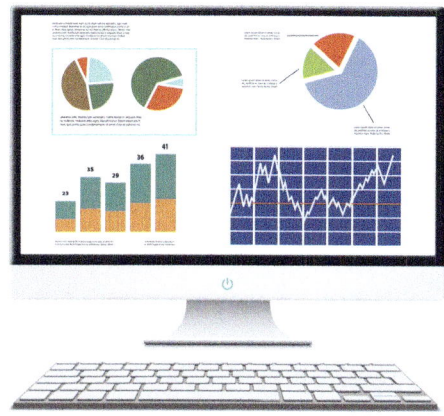

Hay que tener en cuenta que, gracias a internet, el cliente muchas veces está muy informado de las prestaciones técnicas de aquello que quiere adquirir.

Conocer el producto es necesario para poder identificar las características que lo hacen diferente, las que permitirán que el cliente se incline por nuestro producto sobre cualquiera que exista en el mercado. Las características diferenciales suelen ayudar en la toma de decisión.

Pero aunque es importante **conocer las características para demostrar las ventajas del producto,** no se debe caer en el error de agobiar al cliente con ellas, sino **identificar cuáles se adaptan a sus necesidades.**

2.2. Conocimiento del cliente

Actualmente es necesario conocer a los clientes, no solo sus rutinas de compra, sino también lo que buscan, lo que necesitan y lo que adquirirían, para ofrecérselo. En definitiva, se trata de conocer su perfil en relación con la empresa.

Con los niveles de consumo que se dan hoy en día, las compañías deben plantearse ahora una política que les permita subsistir a la espera de que el ciclo económico mejore. Y antes de salir a la calle a la "caza" de nuevos clientes, lo mejor es cuidar a los que tienen y hacer todo lo posible para que no se vayan a la competencia.

El reto es interesante y aunque no se puede generalizar, lo cierto es que este principio básico todavía no lo tienen bien asentado muchas de nuestras empresas. Tras diversos estudios, es conocido que captar un nuevo cliente cuesta cinco veces más que mantener uno actual. De modo que es preferible emplear toda la energía disponible en tener contentos a los que ya nos compran antes que aventurarnos con políticas de resultado incierto.

Para conocer esta información de nuestros clientes solo es necesario centrarse en una muestra del 20 % de los más importantes, ya que según la Ley de Pareto, estos proporcionan un 80 % de nuestros ingresos, ya que, hay estudios que afirman que un aumento del 5 % en la retención puede generar un 25 % en el margen del beneficio.

 ## SABÍAS QUE...

La "Ley de Pareto" o "Regla del 80/20" se puede aplicar a numerosos campos de estudio, y dice que el 20 % de algo es esencial y el 80 % es trivial.

Aplicado a las ventas, esto significa que el 20 % de los clientes produce el 80 % de los beneficios; o el 20 % de los vendedores realiza el 80 % de las ventas.

- -

 ## PARA SABER MÁS

Accede al siguiente enlace para consultar un artículo en el que se definen las principales características de la Ley de Pareto.

https://redirectoronline.com/comm002po0301

- -

3. Fases en la atención al cliente: presentación, acogida, atención, información, cierre y despedida

El contacto que se establece entre el comprador y el vendedor, en un establecimiento físico, se puede desglosar en **cinco fases** distintas desde que el cliente entra en el establecimiento hasta que sale del mismo una vez finaliza la compra.

Presentación

Constituye la primera imagen para el cliente, pues son los primeros instantes de contacto con el público. Se transmite la primera impresión del empleado como profesional y de la institución.

Acogida

Se produce el recibimiento y acercamiento al cliente. Para realizar una buena acogida se tendrá en cuenta:

- ⮑ **Expresión agradable:** se ha de tomar una postura relajada, con rostro sonriente. Esta actitud es adecuada para calmar a las personas que se encuentren nerviosas, suavizar a las que vienen a quejarse o ayudar en la espera de los que tienen prisa.
- ⮑ **Prioridad a la visita:** siempre se han de anteponer las visitas ante cualquier otra tarea. Por ejemplo, si mientras se atiende a una visita suena el teléfono, se ha de pedir disculpas a la misma y se atenderá el teléfono con rapidez.
- ⮑ **Saludo:** siempre que se reciba a alguien, el personal de recepción será el que dé la bienvenida. En todo momento, a no ser que el interlocutor indique lo contrario, el trato ha de ser de usted, independientemente de la edad, sexo o estatus social. Algunas expresiones utilizadas son: "Buenos días, ¿en qué puedo ayudarle?"; "Buenas tardes, pase por favor y siéntese, ¿qué puedo hacer por usted?"; "Buenas tardes, siento haberle hecho esperar, ¿en qué puedo ayudarle?".

Atención

Centrar la atención en lo que para el comprador es el núcleo de su visita, la razón por la cual ha venido al establecimiento. Se ha de intentar escuchar con atención cuáles son las necesidades de los visitantes, y para ello se seguirán las siguientes pautas:

- Mantener silencio y prestar máxima atención.
- No interrumpir.
- Ofrecer retroalimentación de forma verbal o no verbal.
- Evitar emitir juicios de valor u opiniones personales.
- Pedir aclaraciones, si se considera necesario.
- Iniciar la conversación mediante preguntas abiertas para que el usuario se explique y así poder conocer el motivo de la consulta e iniciar un diálogo fluido.

Información

En esta fase de comunicación es importante conocer el comportamiento y tipología del consumidor. Este procedimiento consiste en buscar información, una vez que se ha captado la necesidad del usuario (consulta, petición, opinión, sugerencia, queja, etc.).

Sea cual sea el tipo de demanda a atender, es muy importante dar una respuesta rápida e inmediata ante la misma. Para ello, es necesario:

- Dominar la información antes de transmitirla.
- Ordenar bien los datos y el material a ofrecer.
- Conseguir que el usuario asimile lo que está escuchando, adecuando el tono de voz y la velocidad utilizada, además de las pausas para que intervenga.
- Evitar utilizar un lenguaje técnico, utilizando un vocabulario sencillo.
- En caso de no poder dar una solución inmediata, se derivará el problema o se buscará ayuda.

Cierre de la venta y despedida

Es la fase donde se establece el acuerdo de venta final. En función de cómo se haya desarrollado la venta se escogerá un tipo de cierre u otro, entre los que cabe destacar:

- **La balanza:** normalmente el cliente antes de comprar el producto sopesa los pros y los contras. Para aplicar esta técnica de venta el vendedor debe ir enumerando las ventajas e inconvenientes del producto, haciendo énfasis sobre las ventajas y procurando presentar los inconvenientes de una forma casi imperceptible para el cliente.

◐ **La acción:** esta técnica goza de menor prestigio que la anterior. Se basa en la psicología y consiste en hacer que el cliente realice una acción determinada que lo lleve a adquirir el producto.

◐ **Los detalles:** esta técnica se usa cuando, tras haber aplicado anteriormente técnicas de venta, el cliente aún tiene dudas sobre la compra del producto. Es necesario aplicarla cuando el cliente siente que ha sido convencido por el vendedor; en estos casos, el vendedor hará ver al cliente que es él quien tiene el poder de decisión, haciendo que se sienta protagonista.

 TAREA 4

Mohamed ha estado trabajando varios años en la recepción de una empresa dedicada a la comercialización de cursos de formación, aunque su verdadera vocación son las ventas. Recientemente ha quedado una vacante de vendedor y su jefe ha decidido darle una oportunidad.

Explica cada una de las fases que se dan en el proceso de atención al cliente.

- -

Hay que destacar, que la atención al cliente ha cambiado mucho en los últimos tiempos, debido al auge del comercio electrónico. Ahora las comunicaciones en persona o telefónicas, han quedado relegadas por los chats, los *chatbots*, las redes sociales, el correo electrónico y otras aplicaciones de mensajería instantánea. Los consumidores valoran la velocidad de respuesta, la facilidad de contacto y la comodidad de los medios digitales.

Se busca una comunicación 24/7 y casi inmediata, con la globalización no se sabe ni desde dónde, ni cuándo podrían contactarte para preguntarte por tu servicio/producto.

Para conseguir todo ello, hay que estar fácilmente localizable, la web debe estar bien posicionada y ser accesible desde diferentes dispositivos; debe tener imágenes de buena calidad de los productos/servicios, debe ser intuitiva para la navegación y el proceso de compra. Además, debe ser segura para el pago electrónico.

4. La escucha y empatía

A través de la comunicación, el vendedor y el cliente se ponen en contacto para transmitirse información mutuamente. Es por eso que la comunicación cobra especial relevancia en el proceso de atención al cliente.

Es necesario escuchar activamente al cliente para comprender sus necesidades.

Para que la comunicación fluya de manera correcta, es necesario que el vendedor desarrolle una serie de aptitudes, entre las que se encuentran la empatía y la escucha activa.

 **DEFINICIÓN**

Comunicación
Proceso bidireccional en el que dos o más personas intercambian información mediante el uso del lenguaje.

4.1. La escucha activa: concepto, utilidades y ventajas de la escucha efectiva

Dentro del estudio de la comunicación, la escucha activa se ha convertido en **una de las bases de todas las relaciones humanas;** de esta manera, la atención al cliente, como tarea fundamental del mundo empresarial, acoge dichas técnicas como el soporte para que la eficacia y la rentabilidad del tiempo utilizado sean las máximas posibles.

La escucha activa significa **escuchar y entender la comunicación desde el punto de vista del que habla.**

Por lo tanto, escuchar de forma activa exige un esfuerzo por parte del receptor, ya que se va resumiendo mentalmente de forma paralela y consecutiva a la exposición; de ahí que sea necesario un **entrenamiento tanto en las técnicas como en las actitudes** que generan dicho hábito.

Dentro de la escucha activa, la reformulación es una de las mejores formas para obtener más información

Una vez delimitado el concepto de escucha activa, es necesario abordar las utilidades que esta presenta, ya que permite **comprender mejor aquello de lo que se está informando,** además de facilitar el seguimiento del proceso comunicativo como tal.

Dicho de otra forma, la **escucha activa proporciona una serie de utilidades** que hacen que merezca la pena el esfuerzo físico y mental realizado para captar la totalidad del mensaje:

> Genera un clima de comunicación positivo.

> Demuestra la profesionalidad e implicación de la empresa.

Continúa en página siguiente >>

<< Viene de página anterior

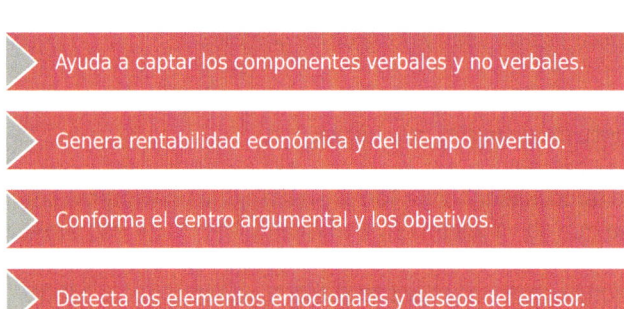

Ayuda a captar los componentes verbales y no verbales.

Genera rentabilidad económica y del tiempo invertido.

Conforma el centro argumental y los objetivos.

Detecta los elementos emocionales y deseos del emisor.

Como has visto hasta ahora, aprender a **escuchar al cliente y demostrárselo** es uno de los instrumentos básicos para lograr una comunicación eficaz; sin embargo, este recurso carecería de eficacia y significado si no fuera por los componentes verbales y no verbales que lo integran.

En cuanto a los **componentes de la escucha activa** se pueden diferenciar entre los verbales y los no verbales.

Componentes verbales	Componentes no verbales
- Repetición de las últimas palabras de la frase del cliente. - Elementos de aprobación o negación breves y concisos. - Expresiones para reafirmar las palabras del otro. - Resúmenes aclaratorios del tipo "o sea que", etc. - Preguntas breves para aclarar algún punto. - Palabras que expresen la comprensión que se siente.	- Contacto visual evidente, cifrado entre el 70 % y el 80 % del total. - Expresión facial de atención e interés. - Postura incorporada y dirigida hacia el cliente. - Gestos, manos y cuerpo en consonancia con la comunicación. - Señales dirigidas hacia la persona que habla.

En lo que a la voz se refiere, diferentes estudios indican que tan solo un 7 % de lo que un cliente recibe de las comunicaciones con una empresa proviene de las palabras utilizadas, mientras que aproximadamente un 38 % lo percibe a través del tono de voz y un 55 % del lenguaje corporal. Esto hace que **el tono de voz empleado sea determinante para el éxito o el fracaso** en una entrevista de ventas.

Con la voz se puede sugestionar, tranquilizar, persuadir, crear confianza y ofrecerle seguridad al cliente; del mismo modo, se puede crear desconfianza, preocupar, disuadir e, incluso, agredir a este. Por ello, los **atributos más significativos de la voz** a tener en cuenta durante una conversación son los siguientes:

Entonación	Articulación	Locución
- Es la capacidad de modular la voz, adoptando diferentes tonos para transmitir el mensaje.	- La articulación se entiende como el grado de vocalización.	- La locución o ritmo hace referencia a la velocidad con la que el emisor transmite el mensaje.

 EJEMPLO

Respecto a la entonación, algunos aspectos a tener en cuenta en la atención telefónica son variar el tono de voz para evitar la monotonía, el agotamiento o el desinterés y calibrar e igualar el tono del interlocutor para facilitar el proceso en sí.

En resumen, todos estos elementos permiten darle forma a los mensajes, transmitiendo sentimientos y actitudes.

A continuación, puedes observar un vídeo en el que se explica **el proceso de escucha activa,** así como las **utilidades y ventajas** que ofrece esta herramienta para los profesionales de la atención al cliente:

https://redirectoronline.com/comm002po0302

Si se quiere comenzar a practicar la escucha activa permanente, hay que **tener presente en todo momento una serie de componentes de la actitud** que facilitan dicho hábito como, por ejemplo, el fomento de la tolerancia, el hecho de no juzgar o el hábito de no criticar, ya que de lo contrario se acabará provocando una negación de los sentimientos y puntos de vista de los demás.

Asimismo, existe otro factor muy importante a practicar de forma obligatoria, la **empatía,** que consiste en ir incluso más allá de la propia escucha activa, **poniéndose en el lugar de la persona que habla.**

Por otra parte, es necesario aprender a escuchar de verdad, esto es, sin interrumpir nunca cuando la otra persona esté hablando, siempre que sea posible, lo cual generará una sensación de escuchar a los demás con respeto y educación.

Es mucho más probable que los clientes se sientan satisfechos cuando perciben que se les comprende y se sabe responder a sus preocupaciones.

 ACTIVIDAD COMPLEMENTARIA

4. Lee con atención el siguiente artículo sobre los denominados mapas de empatía y da respuesta a las cuestiones planteadas.

https://redirectoronline.com/comm002po0303

Continúa en página siguiente >>

<< Viene de página anterior

En base al contenido que recoge el artículo, ¿se suele tener en cuenta el punto de vista de los clientes a la hora de diseñar productos, servicios y modelos de negocio? ¿Qué tipo de obstáculos se interponen entre el cliente y sus deseos o necesidades? ¿Consideras que esta propuesta soluciona algún problema real del cliente?

La escucha activa posee tanto habilidades propias del área personal, de las creencias y las actitudes, como técnicas, correspondientes al área del aprendizaje y el conocimiento. Así, escuchar de forma activa se refiere a la habilidad de escuchar no solo lo que el cliente está expresando directamente, sino también aquellos sentimientos, pensamientos o ideas que subyacen a lo que está diciendo.

Existe una amplia diversidad de conceptos de tipo personal que hacen de la escucha activa una actividad que se puede mejorar con una actitud determinada de aprendizaje y mejora personal; en otras palabras, una serie de **elementos que dependen única y exclusivamente de la voluntad de mejora de la persona** para conseguirlos.

A continuación, se muestran cuáles son y cómo se pueden desarrollar estos elementos personales que facilitan la escucha activa:

- Prepararse interiormente para escuchar.
- Expresar al cliente que se le escucha con comunicación verbal y no verbal.
- Hay que tratar de combatir esta tendencia haciendo un esfuerzo hacia la mitad del mensaje para que la atención no decaiga.
- No interrumpir al cliente cuando está hablando.
- No juzgar ni ofrecer ayudas/soluciones prematuras.
- No rechazar lo que el cliente esté sintiendo y no argumentar siempre en contra.
- Evitar el "síndrome del experto", es decir, tener las respuestas al problema del cliente antes incluso de que haya contado la mitad de la historia.
- Verificar o decidir con nuestras propias palabras lo que parece que el cliente acaba de expresar.
- Emitir verbalizaciones que supongan un halago para el cliente o refuercen su discurso.
- Resumir con el fin de informar al cliente del grado de comprensión o de la necesidad de una mayor aclaración.

Además de los elementos personales, existen una serie de **aspectos técnicos que ayudan a mejorar la comunicación** y pueden definirse como aquellos conceptos que, al conocerlos, se pueden manejar a favor, con la finalidad de aumentar la eficacia con su práctica:

- Al criticar a otra persona, hay que hablar de lo que hace, no de lo que es.
- Tratar los temas de uno en uno y no aprovechar las discusiones.
- No acumular emociones negativas sin comunicarlas.
- No rememorar antiguas ventajas o sacar a relucir los "trapos sucios" del pasado.
- Ser específico. Tras una comunicación específica, hay cambios. Cuando uno no es específico, raramente se moviliza o cambia nada.
- Evitar las generalizaciones. Los términos "siempre" y "nunca" raras veces son ciertos y tienden a formar etiquetas.
- Ser breve. Repetir varias veces lo mismo con distintas palabras o alargar en exceso el planteamiento no es agradable para quien lo escucha.
- Elegir el lugar y el momento adecuados. En ocasiones, un buen estilo comunicativo, un modelo coherente o un contenido adecuado pueden irse al traste si no se ha elegido el momento adecuado para transmitir un mensaje o entablar una relación.
- Si se va a criticar o a pedir explicaciones, hay que esperar a estar a solas con el interlocutor.
- Si se va a elogiar al interlocutor, es recomendable que esté con su grupo u otras personas significativas.

◉ EJEMPLO

Cuando un profesional del servicio de atención telefónica al cliente desea obtener información precisa sobre el cliente durante la fase de descubrimiento de necesidades, deberá poner en práctica la escucha sintetizada, mediante la cual tomará la iniciativa de la comunicación hacia la consecución de su objetivo.

Por diversidad de **motivos tanto personales como técnicos,** hay que tener en cuenta que en la escucha efectiva también pueden producirse errores. A continuación, se muestran cuáles son los más comunes:

Interpretaciones erróneas del lenguaje del otro

- Se tienen en la mente creencias y prejuicios, así como se puede caer en interpretaciones erróneas del lenguaje de la otra persona, ya que se ignoran palabras, giros lingüísticos de la zona que se desconocen o matices culturales, sociales o religiosos que no se saben utilizar. Ante esto, hay que ser discretos y saber guardar las emociones, preguntar después y conocer los usos diferentes del lenguaje.

Adivinación del pensamiento

- Se produce cuando se intenta pensar en qué es lo que otra persona quiere decir en vez de prestar atención a lo que realmente está expresando, con lo que lógicamente se pierde una gran cantidad de información y se tiende al error.

Desatendiendo al emisor

- Pensar en lo siguiente que se va hablar, desatendiendo al emisor y, por lo tanto, prestando más atención a los propios pensamientos que en captar los ajenos.

Escucha evaluativa

- Se evalúa mentalmente, por lo general de forma negativa, lo que se está escuchando, con lo que se pierde gran parte de lo que se dice porque la mente está ocupada literalmente en pensar que eso que oye no es posible, que no es creíble, que cómo tendrá esa persona esas ideas tan extrañas y una larga lista de posibilidades de pensamiento ajeno a lo que esta dice. Es difícil dejar la mente libre de juicios evaluativos, pero se debe entrenar para lograrlo.

 **RECUERDA**

El profesional de la atención al cliente conoce tanto las técnicas de comunicación como las personales. Lo esencial es la actitud básica de tener la mente abierta, libre de prejuicios, para escuchar de forma acrítica y positiva a todos los clientes.

4.2. Empatía

La empatía es la **capacidad de entender los pensamientos y emociones ajenas,** de ponerse en el lugar de los demás y compartir sus sentimientos.

Podemos describir como persona empática a aquella que es hábil interpretando las situaciones conforme se van produciendo, gracias a su destreza en analizar las señales, ajustándose al entorno según requiera la situación.

Los rasgos que definen a una persona empática son los siguientes:

- ⮊ Se ajusta a las situaciones.
- ⮊ Sabe escuchar pero, mejor aún, sabe cuándo hablar.
- ⮊ Influye y regula las emociones del otro.
- ⮊ Escucha con atención y está dispuesta a discutir los problemas.
- ⮊ Es abierta y flexible a las ideas.
- ⮊ Apoya y ayuda.
- ⮊ Es solidaria.
- ⮊ Recuerda los problemas y les da solución.
- ⮊ Propicia el trabajo en equipo.
- ⮊ Alienta la participación y la cooperación.
- ⮊ Orienta y enseña.
- ⮊ No se impone a la fuerza.
- ⮊ Confía en el grupo y en los individuos.
- ⮊ Estimula las decisiones de grupo.
- ⮊ Se comunica abiertamente.
- ⮊ Demuestra capacidad de autocrítica.

 SABÍAS QUE...

Mahatma Gandhi sostenía lo siguiente: "Las tres cuartas partes de las miserias y malos entendidos en el mundo terminarían si las personas se pusieran en los zapatos de sus adversarios y entendieran su punto de vista".

La principal barrera para desarrollar la empatía es estar excesivamente pendientes de uno mismo. Esto conlleva dificultades para pensar como los demás y ponerse en su lugar.

Por tanto, hay que considerar estas actuaciones y hacer todo lo posible por potenciar y desarrollar las habilidades empáticas.

En la atención al cliente hay que desarrollar esta capacidad al máximo, pues reviste gran importancia para comprender al cliente. Para ello hay que:

Escuchar con la mente abierta y sin prejuicios.	Prestar atención y mostrar interés por lo que nos cuentan.	No interrumpir mientras nos hablan.

Hay que evitar dar consejos en lugar de identificar lo que nuestro interlocutor siente.	Descubrir, reconocer y recompensar las cualidades y logros de los demás.

 **APLICACIÓN PRÁCTICA**

Dados los siguientes errores, indicar cuáles de ellos impiden el desarrollo de la empatía de un individuo:

a. Juzgar y emplear frases desmotivadoras.
b. Dar la razón y seguir la corriente.
c. Escuchar atentamente e intentar ponerse en el lugar del interlocutor.
d. Restar importancia a las preocupaciones del interlocutor o ridiculizar sus sentimientos.

Solución

Los factores que impiden el desarrollo de la empatía de un individuo son:

- Juzgar y emplear frases desmotivadoras.
- Dar la razón y seguir la corriente.
- Restar importancia a las preocupaciones del interlocutor o ridiculizar sus sentimientos.

¿Cómo expresar la empatía?

La empatía se puede expresar de distintas maneras, teniendo en cuenta diversos aspectos:

Ser tolerante
- La tolerancia es otro de los pilares sobre los que se canaliza la empatía.

Ser respetuoso
- Se debe ser respetuoso con los pensamientos y sentimientos del interlocutor.

Opinar constructivamente
- Dependiendo del caso, puede ser interesante aportar nuestra opinión, haciéndolo siempre de manera constructiva.

Preguntar
- Las preguntas abiertas ayudan a continuar la conversación y hacen ver a la otra persona que estamos interesados en lo que nos están contando.

Mostrar comprensión
- A veces, nuestros clientes no necesitan una opinión o consejo, simplemente quieren saber que lo entendemos.

Avanzar lentamente
- Cuando se avanza lentamente en el diálogo, dejamos que nuestros pensamientos y sentimientos vayan al unísono y, al mismo tiempo, nos permite asimilar y reflexionar sobre el tema.

APLICACIÓN PRÁCTICA

Jawahar Lal Nehru es un inmigrante indio residente en España que regenta un pequeño negocio de alimentación tradicional india. En el día de hoy han entrado a trabajar dos nuevos empleados y necesita comunicarles sus funciones.

Continúa en página siguiente >>

<< Viene de página anterior

Determina cuál de los siguientes elementos no responde a uno de los componentes verbales y/o no verbales de la escucha activa:

a. Mantenimiento del contacto visual.
b. Adopción de incentivos verbales para el que habla.
c. Adopción de una expresión facial desinteresada.
d. Paráfrasis o empleo de expresiones de resumen.

Solución

El contacto visual, los incentivos verbales o el empleo de expresiones de resumen son solamente algunos de los componentes de la denominada escucha activa, proceso en el que las expresiones faciales, gestos o posturas corporales vacías de interés no tienen cabida alguna.

---

5. Técnicas de comunicación verbal, no verbal, telefónica y escrita

La **comunicación comercial** constituye la manera de crear relaciones con los clientes. Todo el personal que mantenga un contacto directo con el cliente deberá comunicarse atendiendo a una serie de criterios entre los que cabe destacar el lenguaje y aptitudes como la empatía, la asertividad y la escucha activa.

Existen varios tipos de comunicación dependiendo del número de interlocutores que intervienen en el proceso.

Además de la **comunicación verbal,** haremos referencia a la **comunicación no verbal.** Se deben cuidar todos y cada uno de los aspectos del lenguaje no verbal para transmitir un adecuado mensaje a nuestros clientes, al mismo tiempo que estaremos pendientes de sus gestos, apariencia, etc., para extraer más información implícita en su comunicación.

La mayoría de los contactos con los clientes se realizan mediante herramientas que permiten la **comunicación no presencial,** y las principales herramientas utilizadas para ello por la empresa son el teléfono, los *chatbots*, las redes sociales y el correo electrónico.

5.1. Comunicación verbal

Cuando se emplee la expresión verbal o, lo que es lo mismo, cuando nos comuniquemos a través del lenguaje verbal, hay que tener en cuenta una serie de aspectos que facilitarán la comunicación.

Adecuación al público

Siempre hay que considerar las peculiaridades del público al que nos dirigimos.

- ⊃ Nivel cultural
- ⊃ Relación que nos vincula con ellos
- ⊃ Contexto

Extranjerismos, acrónimos y muletillas

En el caso de utilizar extranjerismos, abreviaturas o acrónimos, hay que tener la seguridad de que el público sabe lo que significan. Si no fuera así, resulta imprescindible explicarlo.

Por otro lado, hay que huir del uso de las muletillas que muchas veces intercalamos en el discurso sin darnos cuenta.

 **DEFINICIÓN**

Abreviatura
Consiste en la reducción de una palabra mediante la supresión de letras finales o centrales, y que, por lo general, finaliza con un punto. Por ejemplo: Atte. (por "atentamente"), Sr. (por "señor"), Dra. (por "doctora").

Acrónimo
Es un "tipo de sigla que se pronuncia como una palabra". Por ejemplo: OVNI: (objeto volador no identificado).

Sencillez

El discurso oral debe caracterizarse por su sencillez, pues las palabras habladas tienen un carácter fugaz. Una vez dichas y escuchadas, no se vuelve a ellas, por lo que debemos esforzarnos por crear discursos orales sencillos y fáciles de entender.

Todo lo contrario sucede en los textos escritos, en los que el lector puede volver sobre cualquier pasaje que no haya entendido y reflexionar sobre él.

El lenguaje debe ser preciso y directo, con frases sencillas y cortas, utilizando siempre tiempos verbales simples.

Tras conocer cuáles son las consideraciones a tener en cuenta en la expresión verbal, se presentarán las variables que influyen en la calidad de esta información.

Expresión oral: dicción y entonación

Al hablar es igual de importante el "qué se dice" que el "cómo se dice". No es lo mismo recibir a un cliente con un "Buenos días. ¿En qué puedo ayudarle?", con un tono de voz triste, pausado y con mala pronunciación, que decir lo mismo, pero con un tono de voz optimista, dispuesto y con buena vocalización.

Habitualmente, vinculamos la **entonación** con el lenguaje oral, ya sea con la expresión oral o con la comprensión auditiva.

DEFINICIÓN

Entonación

Es la modulación de la voz, las inflexiones producidas en la misma que acompañan a la cadena de sonidos del habla.

La **entonación** no es solamente un fenómeno que acompaña al habla, que lo adorna. Todo lo contrario, la entonación es **intrínseca al habla.** De este modo, el significado de cualquier frase que pronunciemos será la suma de las palabras pronunciadas y de la entonación empleada.

La entonación es sincera y difícil de simular, puesto que resulta directamente de la naturalidad del hablante y no suele pasar por el filtro de su raciocinio. Es más fácil pensar las palabras que se van a decir que la entonación que se va a emplear.

Por ello, en atención al cliente se debe ser muy consciente de la importancia de la entonación en la comunicación. Es por esto que hay que aprender a controlarla y a manejarla adecuadamente, adaptándola a la situación.

IMPORTANTE

No podemos permitir que ningún estado de ánimo negativo se transmita en nuestra entonación, pues el cliente lo captará instantáneamente.

La **dicción** es básicamente la **pronunciación de las palabras.** Una buena dicción implica que nuestros interlocutores nos oigan bien y que puedan distinguir todo lo que decimos.

En la atención al cliente es indispensable hacerse entender bien. Sin este punto de partida no se puede construir lo siguiente.

5.2. Comunicación no verbal

Se trata de la comunicación mediante **signos, gestos, posturas y posiciones** en lugar de palabras. Es concebida como un sistema de señales emocionales, que no pueden separarse de la comunicación verbal.

La comunicación no verbal es muy difícil de ocultar puesto que, si bien podemos decidir no hablar, resulta prácticamente imposible no enviar mensajes a través del rostro o del cuerpo.

 **EJEMPLO**

Podemos decir mediante palabras: "No estoy triste". Sin embargo, si es verdad que sí estamos tristes, nuestro semblante (comunicación no verbal), lo revelará.

La comunicación no verbal es tan importante como la verbal a la hora de transmitir un mensaje.

Este intercambio de información y significados mediante las expresiones faciales, los gestos, los movimientos del cuerpo y la imagen psicosocial tiene diferentes **funciones:**

◗ **Repetir.** En este caso, los gestos o iconos repiten el significado de palabras o mensajes. Por ejemplo: una clienta dice que "sí" se llevará la lavadora mientras mueve la cabeza con un gesto de afirmación, de arriba a abajo.

[87]

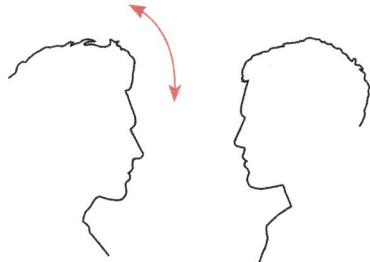

➲ **Contradecir.** Son gestos que limitan nuestro comportamiento. Por ejemplo: una persona está llorando y dice: "estoy bien".

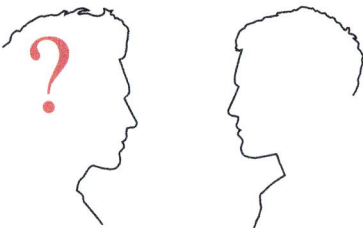

➲ **Sustituir.** Son gestos que pueden reemplazar palabras u oraciones. Por ejemplo: en lugar de decir "cállate", nos llevamos el dedo a los labios.

➲ **Reforzar.** En estos casos los gestos enfatizan la expresión oral. Por ejemplo: decimos "aquí tiene la garantía de su secadora" y, a la vez, señalamos con la mano el documento.

⮕ **Regular o controlar.** Son gestos que limitan nuestro comportamiento. Por ejemplo: en una conversación, las miradas, asentimientos, gestos con la cabeza, con las manos, etc., que establecen los turnos de palabra, pueden mantener la conversación, interrumpirla, etc.

SABÍAS QUE...

El cuerpo humano emite unas 80.000 señales diferentes con gran valor comunicativo.

Existen tres ámbitos de estudio de la comunicación; estos son los siguientes:

KINESIA	PARALINGÜÍSTICA	PROXÉMICA
- Se ocupa de la comunicación no verbal expresada a través de los **movimientos del cuerpo.**	- Estudia el comportamiento no verbal expresado en la **voz.**	- Se encarga de estudiar el comportamiento no verbal relacionado con el **espacio personal.**

La kinesia. Comunicación corporal

La kinesia comprende el estudio de la expresión de los mensajes corporales no verbales, concretamente de la postura corporal, los gestos, la expresión facial, la mirada y la sonrisa.

Postura

Posición corporal

Se define por la posición del cuerpo a aceptar a otros en la interacción. Así, se habla de posturas más abiertas o más cerradas. Por ejemplo, sería una posición cerrada cruzarse de brazos.

La orientación

Es el ángulo con el que el cuerpo está orientado a los demás. Cuanto más enfrente se sitúa una persona hacia los demás, mayor será el nivel de implicación.

El movimiento del cuerpo

No deben ser excesivos ni estereotipados. El movimiento puede transmitir energía y dinamismo durante la interacción, o bien, significar nerviosismo o inquietud.

Gestos

Emblemáticos o emblemas

Son señales emitidas intencionalmente. Su significado es específico y muy claro, ya que el gesto representa una palabra o conjunto de palabras bien conocidas.

 **EJEMPLO**

Agitar la mano en señal de despedida o sacar el pulgar hacia arriba indicando OK.

Ilustrativos o ilustradores

Se producen durante la comunicación verbal. Sirven para ilustrar lo que se está diciendo. Son gestos unidos al lenguaje pero, a diferencia de los emblemas, no tiene un significado directamente traducible.

 **EJEMPLO**

Señalar con el dedo.

Sustitutorios

Son gestos que pueden reemplazar palabras u oraciones.

 **EJEMPLO**

En lugar de decir "cállate" nos llevamos el dedo a los labios.

Emotivos o patógrafos

Este tipo de gesto cumple un papel similar a los ilustradores y por ello se pueden confundir. Es similar en el sentido de que también acompañan a la palabra y le confieren un mayor dinamismo. Pero difieren en que este tipo de gestos reflejan el estado emotivo de la persona, mientras que el ilustrador es emocionalmente neutro.

 **EJEMPLO**

A través de este tipo de gestos se expresan la ansiedad o la tensión del momento, muecas de dolor, triunfo y alegría, etc.

Controladores de la interacción

Son movimientos que tienen la finalidad de regular las intervenciones en la interacción. Son signos para tomar el relevo en la conversación. Tienen también un importante papel al inicio o finalización de la interacción.

 **EJEMPLO**

Darse la mano durante el saludo o la despedida puede servir para frenar o acelerar al interlocutor, indicar que debe continuar o darle a entender que debe ceder su turno de palabra.

De adaptación o adaptadores

Son gestos utilizados para controlar emociones que no queremos expresar. Se utilizan cuando nuestro estado de ánimo es incompatible con la situación, de modo que se produce una situación incómoda, que necesitamos controlar, y es cuando aparece el gesto como una forma de adaptarnos a esa situación.

 **EJEMPLO**

Gestos de este tipo son pasarse los dedos por el cuello de la camisa cuando nos sentimos ahogados por la tensión de la situación, o frotarnos las manos si estamos nerviosos.

Continúa en página siguiente >>

<< Viene de página anterior

 SABÍAS QUE...

No resulta conveniente cruzar los brazos si el espacio personal es corto, pues actúan como una barrera. Resulta mucho más adecuado estrecharse las manos.

Sonrisa

La sonrisa debe ser amplia. No es nada aconsejable que vaya acompañada de una carcajada, sería excesivo.

Es necesario cuidar el entorno de la boca: si está hacia arriba se interpreta como un signo de agrado; por el contrario, si está hacia abajo, significa todo lo contrario.

Mirada

Contacto visual

Se refiere a la mirada que una persona dirige a la mirada de otra. Aquí se estudian dos aspectos: la frecuencia con la que miramos al otro y el mantenimiento del contacto ocular. El *feedback* es muy importante cuando dos personas hablan entre sí. Los que hablan necesitan tener la seguridad de que alguien los escucha, y los que escuchan necesitan sentir que su atención es tenida en cuenta y que el que habla se dirige directamente a ellos. Ambos requisitos se cumplen con un adecuado uso del contacto ocular.

Por otra parte, la disposición de una persona a brindar oportunidades de contacto ocular suele revelar sus actitudes con respecto a ella.

Duración e intensidad de la mirada

Debemos evitar las miradas a los ojos de larga duración o intensas, ya que pueden originar una mala interpretación por parte del cliente.

Mirada huidiza

Existen personas que, por diversos motivos, principalmente la timidez, huyen del contacto visual, lo cual es rápidamente perceptible. En estos casos resulta conveniente recurrir a apoyos visuales, como, por ejemplo, los catálogos, productos expuestos, muestras, etc., para que el cliente pueda mantener su mirada en un punto.

Gafas de sol

El uso de las gafas de sol no es nada recomendable para tratar con nuestro cliente, pues imposibilitan el contacto visual.

Dilatación de las pupilas

Al recibir la persona un estímulo que le provoca interés, sus pupilas se dilatan, y viceversa.

Expresión facial

La expresión facial es el medio más rico e importante para expresar emociones y estados de ánimo, junto con la mirada.

La expresión de la cara puede indicar cuál es la actitud que se tiene hacia nuestros interlocutores: si les entendemos, si estamos de acuerdo con ellos, si nos simpatizan, si nos caen mal.

Aspectos paralingüísticos

Con el paralenguaje se informa sobre el estado de ánimo o las intenciones de la persona que habla. El verdadero significado de los mensajes está, no en el contenido, sino en la codificación que se haga de ellos.

Entre los aspectos paralingüísticos más importantes destacan los siguientes:

- **El volumen de voz.** Habrá que acomodar el volumen a las circunstancias y a las interferencias que existan en el medio:

  - Cuando se inicia una conversación en un estado de tensión, se habla en un volumen inapropiado.
  - Cuando la voz surge en un volumen elevado, suele ser síntoma de que el interlocutor quiere imponerse en la conversación.
  - El volumen bajo se asocia con las personas introvertidas.

- **El tono.** Es un reflejo emocional, establece matices en la comunicación. Mediante la entonación podemos distinguir cuando se hace una pregunta, cuando se habla con ironía, cuando estamos excitados, nerviosos, enfadados, etc.
- **La fluidez.** Indica la seguridad en uno mismo. El mensaje que se transmite debe ser fluido y contener el menor número posible de perturbaciones, ya que un exceso de estas indica inseguridad, nerviosismo o poco interés.
- **La claridad.** Hace referencia a la vocalización al hablar. Es un aspecto muy importante, pues de esto depende que el mensaje sea entendido por el receptor. Para vocalizar bien hay que:

  - Abrir bien la boca, marcando bien las palabras.
  - Cuidar la correcta pronunciación.
  - Separar cada palabra de las demás.
  - Pronunciar la palabra entera.

- **La velocidad.** El habla lenta puede indicarnos tristeza o aburrimiento, mientras que el habla rápida puede indicar ansiedad, nerviosismo, etc.
- **Perturbaciones de la voz.** Son las muletillas, las vacilaciones, las pausas y los silencios más utilizados. Hay que intentar que aparezcan el menor número de veces en las interacciones.

La proxémica es el conjunto de comportamientos no verbales relacionados con la **utilización y estructuración del espacio inmediato de la persona**, es decir, las distancias que asumimos en determinadas situaciones comunicativas.

Según la distancia que se mantenga, Hall (1986) estableció una caracterización en el manejo del espacio personal del ser humano en cuatro niveles.

Hall llegó a la conclusión de que la **distancia social** de la gente está generalmente correlacionada con la distancia física, y describía **cuatro tipos de distancia:**

Distancia íntima
- Es la más guardada por cada persona. Para que se dé esta cercanía, las personas han de tener mucha confianza y, en la mayoría de los casos, estar emocionalmente unidos. Nos referimos a parejas, padres, hijos, amigos íntimos, etc. Se sitúa entre el contacto directo y los 0,46 m.

Distancia personal
- Es la distancia que a cada persona le gusta mantener con los demás. Se mantiene en situaciones tales como reuniones sociales, en el lugar de trabajo, etc. Se sitúa entre los 46 y 120 cm.

Distancia social
- Se utiliza con aquellas personas con las que no tenemos ninguna relación amistosa, la gente que no se conoce bien. Se sitúa entre los 120 y 360 cm.

Distancia pública
- Es la distancia que se utiliza para dirigirse a un grupo de personas que no necesariamente son conocidas. Por ejemplo, en conferencias, charlas, etc. Se sitúa a más de 360 cm.

Otro de los estudios realizados por Hall reveló que diferentes culturas mantienen diferentes estándares de espacio personal.

De cualquier modo, identificar y tener en cuenta estas diferencias culturales mejora el entendimiento con nuestros clientes, sea cual sea su nacionalidad, y ayuda a eliminar la incomodidad que la gente puede llegar a sentir si entiende que la distancia interpersonal es muy grande o muy pequeña.

NOTA

En las culturas latinas, esas distancias relativas son más pequeñas, y la gente tiende a estar más cómoda cerca de los demás. En las culturas nórdicas, es lo contrario.

En la siguiente tabla se presenta una relación de los diferentes estándares de espacio personal.

El significado de la distancia en las relaciones sociales

ÍNTIMO	PERSONAL	SOCIAL	PÚBLICO
0 · 0,15 · 0,20 · 0,46	0,65 · 1 · 1,2	1,5 · 1,8	3,6 — *Espacio Metros*

Íntimo muy privado · Íntimo privado · Íntimo personal · Personal cercano · Personal cercano · Personal · Personal social · Social cercano · Social público · Público

Pero no solo se comunica verbalmente a través de la kinesia, paralingüística y la proxémica. A continuación se presenta otra forma de comunicar, mediante la indumentaria o forma de vestir.

También se transmite y se comunica a través de la manera de vestir. La norma básica al respecto es que **nunca se debe llamar más la atención que el producto que intentamos vender.**

En general, suele optarse por ropa de tipo "neutro", ni demasiado clásica ni demasiado moderna, y con colores que no llamen mucho la atención. Igualmente, tampoco deben llevarse excesivos adornos y, en el caso de las mujeres, no excederse con los cosméticos. La imagen vende, pero no se debe vender solo la imagen.

En atención al cliente, siempre hay que proyectar una imagen de pulcritud, limpieza y orden, evitando el exceso de complementos, peinados exagerados, etc., excepto en los casos en que el cliente se identifique con ello.

El empleo y la combinación correcta de los colores también influyen y ayudan a proyectar la imagen deseada.

Ante todo, **la imagen ha de adaptarse a los clientes,** a sus gustos, preferencias de imagen, actitudes y estatus. La imagen es una gran vía de comunicación, especialmente en los primeros contactos, por lo cual el cliente ha de identificarse con la nuestra, fomentándose así la empatía necesaria para el correcto desarrollo de la comunicación.

La indumentaria siempre debe ser acorde al tipo de venta que se pretenda realizar. Muchas empresas dictan normas específicas sobre la vestimenta de sus empleados; de esta forma, se pretende subrayar la identidad corporativa.

 ## ACTIVIDAD COMPLEMENTARIA

5. Imagina que formas parte del proceso de selección para un puesto de gerente en una empresa dedicada al ocio rural y determina cuál sería la indumentaria que llevarías a la entrevista de trabajo.

5.3. Comunicación telefónica

La atención telefónica puede definirse como un **proceso basado en la transmisión de un mensaje, cuyo código está integrado por señales sonoras,** comunicación verbal y no verbal entre el cliente y el profesional de la atención, con el objetivo de lograr la satisfacción del cliente.

 EJEMPLO

En una conversación telefónica el lenguaje no verbal hace referencia a los silencios, suspiros, volumen de la voz y otros aspectos del paralenguaje.

Actualmente, la atención telefónica es utilizada por tantas empresas que se ha convertido en **elemento clave de la atención, la venta, la búsqueda de la rentabilidad de la empresa y la satisfacción del cliente.** Por ello, es necesario analizarla desde múltiples puntos de vista para entenderla y tratar de aprovecharla en su totalidad.

La atención telefónica se ha convertido en un elemento básico para analizar la rentabilidad y eficacia de las empresas actuales.

El lenguaje y la actitud en la atención telefónica

Tanto el **trato que reciba el cliente** a través del teléfono como los **resultados que obtenga** del mismo van a condicionar la imagen que este tenga de la empresa. Así que, para lograr la mayor calidad posible, se proponen las siguientes acciones:

| Adoptar una actitud positiva | Favorecer la escucha activa | Optimizar los recursos |

Lógicamente, **el lenguaje utilizado a través de este medio ha de ser muy cuidadoso,** ya que al no haber comunicación gestual, se pierde parte de la efectividad, de ahí que haya que extremar la amabilidad, ser agradable, sonreír, personalizar la llamada, ser empático, usar un vocabulario comprensible, etc.

En lo referente a la actitud, la comunicación telefónica ha de prepararse tanto psicológica como físicamente.

Actitud física	Actitud psicológica
- La actitud física ha de basarse en el hecho de que esta se oye al otro lado de la línea telefónica, por lo que la persona debe permanecer erguida en todo momento, pues la dejadez y la excesiva relajación en la postura también se denota en la escucha. Asimismo, hay que evitar los ruidos no identificables y las interferencias, ya que suponen una distracción grave de la comunicación, atendiendo permanentemente a las palabras tanto de uno mismo como del interlocutor.	- La actitud psicológica se puede preparar a partir de una actitud positiva ante la comunicación, esto es, una actitud convencida y honesta de hacer una labor importante ante el cliente y la propia empresa, utilizando, siempre que sea posible, un lenguaje positivo sin tecnicismos.

 **RECUERDA**

La sonrisa telefónica se define como la convicción de que la simpatía que emite el personal de atención al cliente posee gran importancia en la comunicación telefónica, ya que se percibe a través del teléfono, creando una corriente positiva para el interlocutor del mensaje.

Recursos en la atención telefónica: voz, volumen, tiempo, pausas y silencios

Transmitir una idea de forma eficaz depende de la idea en sí misma, de la forma en que esta es transmitida y del contenido que se quiere expresar a través de ella. Así, **la voz es el elemento fundamental de la comunicación telefónica** y su calidad viene determinada por una serie de características básicas.

Tono

El tono se define como la **altura o elevación de la voz que resulta de la frecuencia de las vibraciones de las cuerdas vocales.** Además es la propiedad de la voz que permite clasificar el sonido en una escala de frecuencia tonal; de esta forma, para hablar con una tonalidad eficaz hay que tener en cuenta una serie de aspectos:

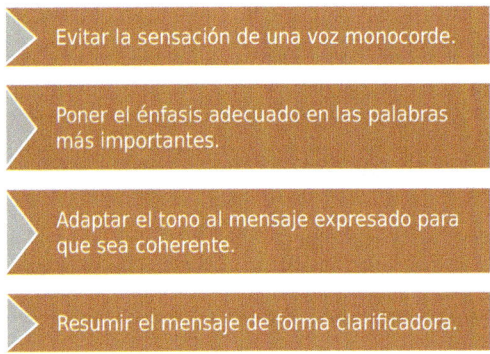

Evitar la sensación de una voz monocorde.

Poner el énfasis adecuado en las palabras más importantes.

Adaptar el tono al mensaje expresado para que sea coherente.

Resumir el mensaje de forma clarificadora.

Volumen

El volumen hace referencia a la potencia con que el aire pasa por la laringe y hace vibrar las cuerdas vocales. Es decir, la **intensidad de sonido con la que se habla** y se debe ajustar al cliente para que resulte agradable al oído del mismo; de este modo, al comienzo de una conversación, hay que tener cuidado y empezar la elocución con un volumen adecuado, de introducción a la materia de la que se quiera hablar.

Durante el desarrollo de la conversación, sí se podrá elevar el volumen siempre de forma adecuada para reforzar la idea que se quiera expresar. Así, cuando se habla del precio, si se considera este aspecto como algo que va a convencer al cliente, se podrá reforzar la idea hablando con un volumen un poco más elevado.

Sin embargo, a la hora de tratar el cierre de la compra se deberá hacer con un volumen suave, ya que la última decisión es tan importante como las primeras aseveraciones de la entrevista. Por tanto, reforzar en exceso con un volumen alto puede dar la sensación de que lo que se dice posee una enorme importancia, lo cual puede provocar que el cliente se asuste.

Es preferible que sea el cliente quien vaya señalando el volumen que desea en cada momento.

_____

Elocución

La elocución se refiere a la **expresión de los pensamientos mediante el uso de la palabra** y determina el estilo, entendido este como las características personales con las que son expresadas dichas ideas. Así, dentro de ellas hay que destacar la claridad, la propiedad, la naturalidad y la expresividad, entre otras.

Al igual que los demás recursos, también hay que analizar la expresión desde el punto de vista de la elocución, ya que hay que recordar que lo importante no es lo que se dice o se cree decir, sino cómo lo recibe el cliente. La expresividad, por ejemplo, es la capacidad de comunicar con viveza los sentimientos e ideas.

_____

Articulación

La articulación es el proceso mediante el cual alguna parte del aparato fonatorio interpone un obstáculo para la circulación del flujo de aire, es decir, el **grado de vocalización con el que se expresan las palabras.**

Para conseguir los objetivos de comunicación se debe hablar con calma, de forma clara y precisa a cierta distancia del auricular, vocalizando correctamente y evitando comerse las palabras y sílabas finales. Además, el cliente espera ser tratado por alguien al que le guste su trabajo, por lo que debe comunicar sonriendo, de forma alegre y convincente.

_____

Pausas

Hay que utilizar inteligentemente las pausas para respirar y permitir que el interlocutor lo haga; en especial, hacer uso de ellas para **señalar la importancia de alguno de los aspectos** que se esté expresando.

Silencio

En la atención telefónica, el **silencio viene a sustituir a las comas, puntos y demás signos de puntuación.** Además, refuerza las ideas más importantes que se desean recalcar. Se trata de uno de los recursos más complejos de la comunicación, ya que, si se sabe utilizar, se convierte en un potenciador de lo que previamente se ha comunicado.

Tiempo

El tiempo que invierte un cliente es un **bien que se debe siempre aprovechar** y, sobre todo, **respetar y agradecer.** Por ello, el profesional de la atención al cliente debe aprovechar el tiempo de la conversación, ya que si es buen trabajador, sabrá manejarlo hacia la eficacia; es decir, aunque el cliente intente guiar la conversación hacia sus intereses, deberá saber cómo reconducir dicha comunicación hacia los intereses comunes.

 ACTIVIDAD COMPLEMENTARIA

1. Reflexiona sobre cuáles de los recursos de la atención telefónica que presentan por lo general mayores carencias por parte de los profesionales de los servicios de atención al cliente, identificándolos y analizando dichas carencias.

5.4. Comunicación escrita

A continuación, se describen varias formas de comunicación escrita.

El correo electrónico

Es un tipo de comunicación rápida y de coste ínfimo que se puede dirigir tanto a los clientes actuales, como a los potenciales. Esta rapidez en el envío de información y comunicación tiene sus ventajas, aunque también cuenta con una gran desventaja: el cliente exige también una respuesta inmediata y si no, optará por solicitar el servicio a otro establecimiento.

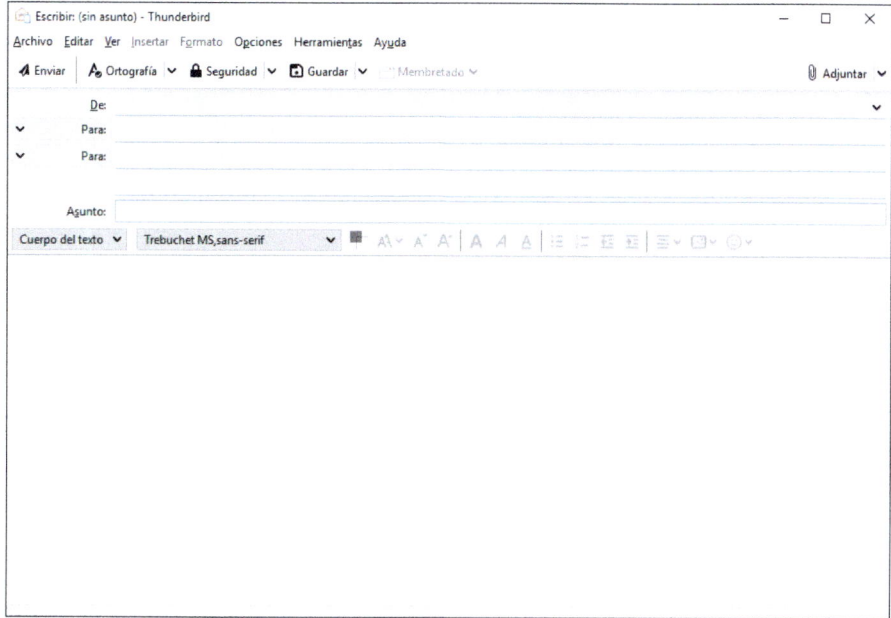

SABÍAS QUE...

En 2022, se enviaron y recibieron de media 330.000 millones de correos electrónicos diarios.

A la hora de enviar un correo electrónico o *e-mail,* la persona encargada de ello deberá tener las siguientes capacidades:

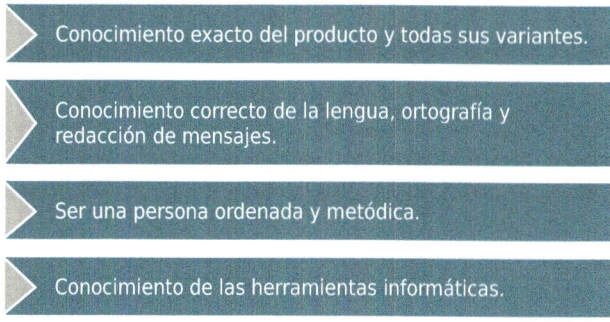

Conocimiento exacto del producto y todas sus variantes.

Conocimiento correcto de la lengua, ortografía y redacción de mensajes.

Ser una persona ordenada y metódica.

Conocimiento de las herramientas informáticas.

Continúa en página siguiente >>

<< Viene de página anterior

Conocimiento de idiomas, que aunque no sea imprescindible, sí que se considera un hándicap para poder atender a personas de distintas nacionalidades.

Técnicas de comunicación telemática

El correo electrónico se ha convertido en una herramienta imprescindible para el desarrollo de las relaciones comerciales de las empresas turísticas. Tras la aparición del correo electrónico, se ha visto la necesidad de establecer un protocolo de envío de *e-mails* o técnicas de comunicación telemática que facilite la comunicación, lo que implica una mejora de las relaciones comerciales.

- **Tema del mensaje.** A la hora de enviar un *e-mail* se permite exponer de manera breve el tema del mensaje. Deberá responder lo más rigurosamente posible al contenido del mismo.
- **Cuerpo del mensaje.** Sigue prácticamente el mismo procedimiento que una carta:

  - Saludo. Pese a que ocasionalmente el carácter de los escritos es impersonal, es preceptivo el uso de una fórmula de cortesía al comienzo de un correo electrónico, sobre todo, cuando vaya dirigido a un cliente.
  - Texto del mensaje. Se debe ser conciso, especificando claramente todos los puntos a tratar. Se recomienda iniciarlo con una pequeña introducción y luego desarrollar el cuerpo del mensaje en sí. En el envío de *e-mails* se desaconseja el uso de frases en mayúscula, ya que se interpreta como gritar.
  - Despedida con firma. Es una norma de cortesía despedirse al finalizar un *e-mail* y firmarlo.

A la hora de responder a un correo electrónico se debe mantener el mismo asunto que el del *e-mail* recibido, para que sea más fácil de identificar por el receptor. También se debe dejar un espacio en blanco entre el mensaje recibido y el enviado para que sean más fáciles de diferenciar uno del otro.

Tanto si el *e-mail* se dirige a clientes o a otras empresas, deberá ser redactado de manera correcta y educada, utilizando un lenguaje claro y conciso.

TAREA 5

Carlota trabaja en el departamento comercial de una empresa dedicada a la venta de artículos de decoración y en su trabajo debe comunicarse con los clientes de manera presencial y no presencial.

Explica las características de las técnicas de comunicación presenciales y no presenciales que se utilizan en el ámbito empresarial.

- -

6. Resumen

Para ofrecer un adecuado servicio al cliente es preciso conocer las preferencias del mismo, así como los productos que comercializa la empresa; esto permitirá al personal de la organización solucionar de forma rápida y eficaz cualquier duda que el cliente pueda presentar. Se podría decir que el éxito en las ventas dependerá del grado de conocimiento de los productos que posean vendedores, gerentes y personal de atención al cliente.

El contacto que se establece entre el comprador y el vendedor se puede desglosar en cinco fases distintas desde que el cliente entra en el establecimiento hasta que sale del mismo una vez finaliza la compra; estas son:

A través de la comunicación, el vendedor y el cliente se ponen en contacto para transmitirse información mutuamente. Es por eso que la comunicación cobra especial relevancia en el proceso de atención al cliente. Los principales canales de comunicación que se utilizan en la empresa son:

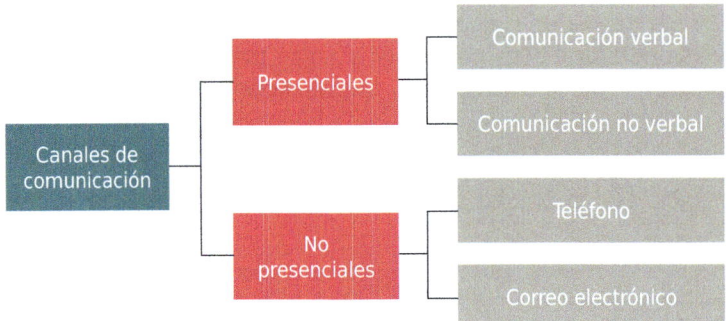

Para que la comunicación fluya de manera correcta, es necesario que el vendedor desarrolle una serie de aptitudes, entre las que se encuentran la empatía y la escucha activa.

Ejercicios de autoevaluación
Unidad de Aprendizaje 3

1. Ordena las fases en la atención al cliente.

    a. Acogida
    b. Atención
    c. Información
    d. Presentación
    e. Cierre de la venta y despedida

2. Relaciona cada técnica de cierre de ventas con su descripción.

    a. La balanza.
    b. La acción.
    c. Los detalles.

    __ El vendedor hará ver al cliente que es él quien tiene el poder de decisión, haciendo que se sienta protagonista.
    __ El vendedor debe ir enumerando las ventajas e inconvenientes del producto, haciendo énfasis sobre las ventajas y procurando presentar los inconvenientes de una forma casi imperceptible para el cliente.
    __ Consiste en hacer que el cliente realice una acción determinada que lo lleve a adquirir el producto.

3. Indica si las siguientes afirmaciones son verdaderas o falsas.

    a. La escucha activa significa escuchar y entender la comunicación desde el punto de vista del que habla.

        ■ Verdadero
        ■ Falso

    b. La empatía es la capacidad de entender los pensamientos y emociones ajenas, de ponerse en el lugar de los demás y compartir sus sentimientos.

        ■ Verdadero
        ■ Falso

4. **En cuanto a los componentes de la escucha activa, los elementos de aprobación o negociación breves y concisos son:**

    a. Componentes emocionales.
    b. Componentes no verbales.
    c. Componentes verbales.
    d. Componentes gestuales.

5. **El elemento que hace referencia a la velocidad con la que el emisor transmite el mensaje se denomina:**

    a. Entonación
    b. Articulación
    c. Kinestesia
    d. Locución

Atención de quejas y reclamaciones

Contenido

Objetivos

El objetivo general de esta Unidad de Aprendizaje es:

→ Atender adecuadamente las quejas y reclamaciones de los consumidores.

Los objetivos específicos de esta Unidad de Aprendizaje son:

→ Describir las fases que componen el proceso de atención al cliente/consumidor/ usuario en la resolución de quejas o reclamaciones.

→ Conocer los parámetros que caracterizan la atención adecuada a un cliente.

→ Describir la forma y actitud adecuada en la atención y asesoramiento a un cliente.

→ Explicar las técnicas de asertividad que se pueden aplicar a la resolución de reclamaciones.

1. Introducción

Es cierto que una tendencia innata del ser humano es el rechazo a las críticas negativas. Sin embargo, esa es la actitud más errónea que se puede adoptar al recibir **quejas o reclamaciones** de los clientes, pues constituyen una **valiosa fuente de información** para la empresa.

Casi todas las empresas reciben quejas o reclamaciones. Si estas no se producen, lo más probable es que los clientes que pudieran dirigirlas lleguen a pensar que no merece la pena molestarse.

En el momento en el que un cliente comunica su queja o reclamación resulta absolutamente obligatorio escucharle y tratar de entender sus problemas para, de esta manera, poner en marcha un procedimiento que permita explicarle la situación y solucionarla.

2. Entender cómo manejar las quejas

Antes de ponerse en situación de recibir una queja es importante no tratarla como algo personal, sea de quien sea la responsabilidad, sino como algo que se dirige a la empresa en general. El cliente, a la hora de presentar una queja, normalmente no la hace a una persona en concreto, sino a un servicio que no le ha gustado.

**No se debe desviar la queja, ya que es una oportunidad
que el cliente brinda a la empresa para ayudar a
optimizar la gestión y, por tanto, la rentabilidad**

Otras **actitudes que se deben adoptar** ante una reclamación son:

- Conservar siempre la compostura y prestar atención en la exposición del problema por parte del consumidor.
- No minimizar la queja.
- Utilizar la escucha activa.
- No desviarse hacia otros asuntos y centrarse en el problema.
- No discutir nunca con el cliente, aunque este no lleve la razón. El personal siempre deberá mantenerse cortés y educado.
- Mostrarse comprensivo.
- Respetar la opinión del cliente.
- Informar al cliente del proceso que se va a seguir para la resolución del problema.
- Demostrar interés por lo que expone el cliente.
- Intentar que el cliente se sienta cómodo.
- Acompañar al cliente hasta la persona que le puede ayudar con el problema.

Por otro lado, y como contraposición de lo anterior, es importante conocer las **actitudes que nunca debe adoptar un profesional** a la hora de recibir una queja por parte de un cliente:

- No mostrar interés.
- Contestar al cliente y contradecirle.
- Echarle la culpa a un compañero.
- No pensar que la queja sea importante.
- No solucionarlo lo antes posible.
- Dar opiniones personales sobre los compañeros y su forma de trabajar o tratar a los clientes.
- Enfadarse.
- Tomarse la queja como algo personal.
- Asumir más responsabilidad de la que en realidad se tiene.
- Negar lo evidente y tratar de convencer al cliente de otra cosa.

3. Situaciones en la atención al cliente: clientes difíciles, quejas y reclamaciones

Ante una situación difícil se pueden adoptar distintas actitudes: nerviosismo, atacar a la otra persona, controlarse, etc.

3.1. Actitudes

Entre las actitudes que debe tomar el personal de la empresa están **el autocontrol, la empatía y la asertividad.**

Autocontrol

Es la capacidad que permite controlarse a uno mismo, **controlar el comportamiento y emociones,** y conseguir que estas no controlen a la persona. El autocontrol es la capacidad que tiene cada persona para realizar algo con la intención de que no suceda un comportamiento que no se desea, o sea, el autocontrol, más que una restricción y una continua puesta a prueba de la fuerza de voluntad, es generar una serie de estrategias para evitar hacer cosas que no se desean hacer.

 **EJEMPLO**

Cuando una persona es criticada por otra, en vez de reaccionar con ira y enfado y perder el control, se puede analizar la crítica y así conocerse mejor y tratar de superar ese defecto.

El autocontrol, por tanto, no es una negación o represión de sentimientos y emociones, sino un control sobre los mismos, es decir, comprender y así posteriormente utilizar esos conocimientos para transformar las situaciones en nuestro beneficio.

Es una **habilidad que a base de entrenamiento se puede llegar a conseguir.** No es algo innato en el ser humano que ciertas personas tengan o no como, por ejemplo, la belleza. Aunque hay ciertas personas que sí son capaces de autocontrolarse de manera casi inconsciente, eso no significa que cualquiera no pueda llegar a conseguirlo a base de entrenamiento y relajación.

Una persona que consigue autocontrolarse sabe manejar los sentimientos y las emociones por muy impulsivas que sean, se mantiene firme e imperturbable en las situaciones complicadas y piensa con claridad, sin perder la concentración cuando está sometida a presión.

Los tres **componentes del sistema emocional** son:

Los pensamientos	Las respuestas emocionales	Las acciones y comportamientos

Es importante tener en cuenta que son los pensamientos, las emociones y los comportamientos propios los que hacen que se desencadenen unas acciones u otras, y controlar los componentes del sistema emocional es lo que hará que se pueda conseguir el autocontrol.

Los pensamientos

Existen dos tipos de pensamientos: los automáticos y los llamados diálogos interiores.

Pensamientos automáticos

Los pensamientos automáticos surgen espontáneamente y son los más peligrosos, ya que suelen ser irracionales y cargados de ira. Normalmente, no son cuestionados y suelen desencadenar otro pensamiento automático que puede llevar a un razonamiento distorsionado. Este tipo de pensamientos son los que hay que controlar con mayor cuidado y atención. Para evitarlo es importante seguir las siguientes normas:

> **No generalizar**
> - No todas las situaciones son iguales, por lo que si se generaliza se tiende a pensar automáticamente que todas las percepciones recibidas son correctas y no es así.
> - Por ejemplo: si se piensa siempre que un cliente no escucha cuando se le trata de explicar algo, la predisposición para con ese cliente va a estar condicionada por ese pensamiento, cuando puede ser que las dos primeras veces no ha atendido simplemente porque estaba cansado.

Continúa en página siguiente >>

<< Viene de página anterior

Evitar las calificaciones negativas
- Las calificaciones negativas también tienden a generalizarse.

Evitar interpretaciones erróneas
- No se debe tratar de leer el pensamiento o interpretar pensamientos o sentimientos de la otra persona, ya que no siempre se acierta y se pueden crear situaciones incómodas.
- Por ejemplo: en el caso anterior, ante el cansancio o falta de atención del cliente, se le debería preguntar algo como: "Parece que no me estoy expresando bien, ¿está usted entendiendo lo que le trato de decir?".

No adivinar actuaciones de los demás
- Cada persona es distinta a la otra y, por tanto, actúa de manera diferente ante un mismo comentario o acontecimiento. Pretender que todo el mundo actúe de la manera que actuaríamos nosotros llevaría a malentendidos y frustraciones.

No exagerar
- Ante los imprevistos es importante no exagerar las consecuencias, ya que estas pueden generar nerviosismo en ambas partes y complicar aún más la situación.
- Por ejemplo: si un cliente llega por la noche a un hotel y dice que tiene una reserva para esa noche, pero no aparece en el sistema, no se debe exagerar la situación y alarmar al cliente de manera que pueda llegar a pensar que con el cansancio que tiene y lo tarde que es, se va a tener que ir a buscar un hotel que tenga alguna habitación libre. Lo que se debería hacer es decirle al cliente que se está buscando la reserva, que en el sistema no aparece, pero que seguro que está traspapelada, ya que probablemente sea ese el caso y al final se habría alarmado al cliente para nada.

Diálogos interiores

Los diálogos interiores son pensamientos deliberados y productivos. Aunque inicialmente provengan de un pensamiento automático, se van transformando y suavizando gracias a las afirmaciones positivas.

◉ EJEMPLO

Cuando un cliente está enfadado y grita, la primera idea o pensamiento automático que surge es contestar para defenderse, aunque sea gritando también o, incluso, llegando a faltarle el respeto al cliente. En cambio, el diálogo interior con las afirmaciones positivas ayuda a pensar una serie de ideas que puedan solventar el problema y ayudar al autocontrol, como son: escuchar atentamente, no interrumpir, hablar lentamente, preguntar cómo se puede resolver el problema, etc.

Las emociones

Según la situación a la que se enfrenta una persona, las emociones que se reflejan son distintas, pudiendo llegar a alterar el ritmo cardíaco, la presión arterial, el ritmo de la respiración, etc.; todos estos cambios está asociados a diversas emociones. Estas respuestas pueden tener consecuencias negativas, por lo que es fundamental mantener una cierta calma y no dejarse influir por las emociones ni la ansiedad.

Es fundamental detectar los cambios que presenta el cuerpo y que pueden llegar a alterar el nivel de ansiedad y una vez que se han detectado los cambios, lo siguiente es tratar de disminuir la ansiedad. Para ello, la manera más eficaz es mediante la relajación, lo que ralentiza nuestra respuesta emocional, de manera que se pueda tomar una decisión más acertada y menos impulsiva.

El percibir a tiempo los cambios que experimenta el cuerpo ayuda a indicar que deben ser modificados y así no correr el riesgo de actuar de manera impulsiva.

Los comportamientos

Las pautas de comportamiento son **acciones que se suelen repetir como respuesta a una determinada situación.** El comportamiento está muy ligado a las emociones, de manera que para controlar las emociones es preciso controlar el comportamiento, y lo primordial para controlar el comportamiento es reconocerlo.

Algunos comportamientos están asociados a determinadas emociones.

 **EJEMPLO**

Entre los comportamientos asociados a acciones nos encontramos que cuando alguien está triste o deprimido, tiende a no hacer nada.

Una vez reconocidos los comportamientos más habituales ante determinadas situaciones o emociones, se deben modificar algunos de ellos, para lo cual se siguen dos pautas:

> Respirar profundamente de manera que tranquilice a la persona y evite una reacción inmediata.

> Dialogar interiormente, analizando la situación y el comportamiento que de verdad se debería tener.

La respiración es una de las mejores técnicas de control del comportamiento.

Otras técnicas para controlar las emociones

Las acciones y comportamientos se pueden controlar con diversidad de técnicas, las cuales se van a ver a continuación.

Uso del sentido del humor

Es el mejor remedio para enfrentarse a emociones negativas como la ira, la depresión, la tristeza y la ansiedad. Gracias a la liberación de endorfinas cuando alguien se ríe, hace que aumente el nivel de endorfinas en el cerebro y se reduzca la percepción del dolor, tanto físico como emocional.

Reorientar la energía emocional

Cuando se está nervioso y empleando energía moviéndose de un lado a otro, lo importante es reorientar la energía y hacer algo que no tenga nada que ver, de manera que nos distraiga de la ansiedad.

Tomarse un tiempo de descanso

En ocasiones, basta con respirar profundamente tres veces o retroceder ante una discusión; en cambio, en otras ocasiones, es necesario ir a dar un paseo para tranquilizarse.

El paseo tiene un efecto relajante que ayuda a descansar la mente y a mejorar el estado anímico.

3.2. Tratamiento de cada una de las situaciones de atención básica

En el desarrollo de la comunicación con los clientes resulta muy útil **analizar de manera pormenorizada los elementos más comunes que se pueden encontrar.** Así se estará preparado cuando se presenten las situaciones más habituales.

Entre este tipo de situaciones comunes se encuentran las siguientes:

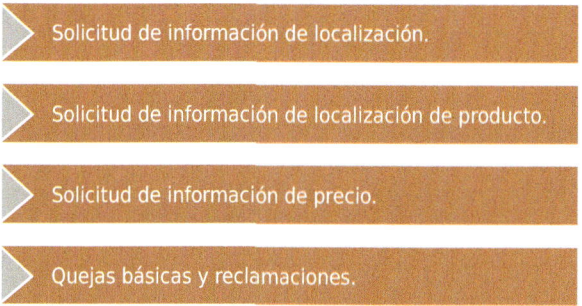

De esta forma, en el tratamiento al cliente siempre hay que tener presente una premisa de carácter básico: la **proactividad.** Esta no significa solo tomar la iniciativa, sino **asumir la responsabilidad de hacer que las cosas sucedan.** Para explicar este concepto es necesario saber que las **personas proactivas** son aquellas que se adelantan a las cosas que les pueden suceder, es decir, hacen que las cosas sucedan, ya que **se adelantan a los acontecimientos.** Por tanto, en la atención al cliente resulta eficaz ser proactivo, puesto que si el vendedor es capaz de adelantarse a lo que vaya a ocurrir, estará preparado para saber cómo actuar ante los casos que vengan.

A continuación, se muestra la actuación propia de cada una de las situaciones de atención básica en el tratamiento al cliente.

Solicitud de información de localización

Ante cualquier solicitud del cliente es necesario estar preparado para responder de forma ágil y eficaz. Para ello, hay que **conocer la empresa a la perfección,** esto es, sus productos, personas que la integran, directivos, responsables y compañeros, así como sus diferentes localizaciones geográficas y la forma jurídica bajo la que está constituida.

EJEMPLO

Los clientes pueden solicitar información acerca de la localización de la empresa o alguna zona dentro de la misma (sección de electrónica, panadería, etc.), por lo que el personal debe conocer todos estos lugares.

RECUERDA

La preparación de los elementos que pueden aparecer en el trato con el cliente es la mejor forma de asegurarse el futuro. La diferencia entre los profesionales que se ocupan de su formación y los que no lo hacen determina, incluso, sus niveles de autoestima, ya que esta se basa en la confianza de la persona en creer que es capaz de responder ante las dificultades de su profesión.

Sin embargo, lo más importante es saber guiar al cliente en sus deseos. Para ello, hay que perder el miedo a entrenar cómo contestar al cliente y ensayar delante de algún familiar, compañero o ante un espejo para intentar analizar las reacciones ante los demás y, sobre todo, ante los requerimientos que pueda hacer un cliente.

La entrega de pedidos supone la última cadena de la venta antes de que el producto llegue al consumidor final, por lo que en esta fase la atención al cliente también ha de hacerse con especial cuidado.

Solicitud de información de localización de producto

Las solicitudes del cliente pueden ser múltiples, pero una de las más habituales se sitúa en relación al **conocimiento del producto,** por lo que hay que **conocer perfectamente tanto su colocación dentro de la tienda como en el conjunto del local** y en los correspondientes departamentos que existan en ella.

Otro aspecto a tener en cuenta es **saber si están o no en oferta,** lo cual determinará que se sitúen en lugares preferentes o en un lugar diferente al habitual, induciendo al cliente a la duda, ya que este está acostumbrado a un sitio determinado para cada producto. Además, dentro de cada departamento habrá que **observar la colocación en los lineales,** ya que esta tiende a cambiar con el tiempo, generando un factor de malestar en el cliente al no hallar fácilmente el producto que busca.

En todo caso, lo mejor es **acompañar siempre al cliente** hasta el lugar que solicite, ya que de lo contrario se dará una pésima imagen de dejadez y falta de profesionalidad. Por tanto, hay que acompañar al cliente hasta el lugar solicitado, indicarle la ubicación exacta del producto y, una vez localizado, ofrecérselo.

A continuación, se representa la **evolución que hay que seguir si se desea llegar a altos niveles profesionales,** atendiendo a factores personales, de actitud y de conocimiento.

Solicitud de información de precio

El **elemento más complejo** para muchos profesionales de atención al cliente es **comunicar el precio del producto o servicio que ofertan;** sin embargo, cuando un profesional está convencido de lo que ofrece, ese temor desaparece, sobre todo, si conoce de dónde parte el precio del producto y sabe por qué se produce. En todo caso, el mejor sistema es saber que para una empresa el precio es una forma de señalar qué tipo de cliente está dispuesta a elegir y a qué nivel tendrá que defenderlo el profesional.

A la hora de establecer el precio hay que tener en cuenta la importancia que le da el consumidor a esta variable en el proceso de decisión de compra.

Para el cliente, **el precio es el elemento más discriminatorio cuando no tiene otro al que acudir;** dicho de otra forma, cuando no es capaz de pagar más por un mismo producto es difícil justificarse ante los demás, pero cuando el precio es diferente siente mayor libertad para aludir a otros aspectos como el servicio, la calidad u otras preferencias.

 **IMPORTANTE**

Independientemente de la calidad ofertada, la calidad percibida por el cliente puede coincidir o no con la imagen y el nivel objetivo de la marca.

Además de comunicarle los precios que ha solicitado, la prestación del servicio al cliente debe caracterizarse por una conjunción de detalles, entre los que destacan los siguientes:

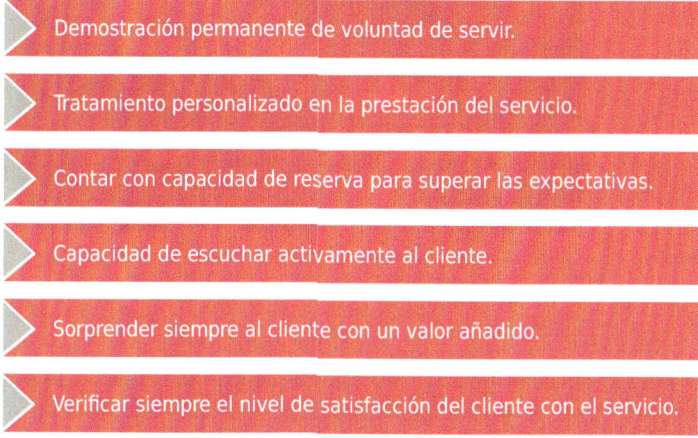

Demostración permanente de voluntad de servir.

Tratamiento personalizado en la prestación del servicio.

Contar con capacidad de reserva para superar las expectativas.

Capacidad de escuchar activamente al cliente.

Sorprender siempre al cliente con un valor añadido.

Verificar siempre el nivel de satisfacción del cliente con el servicio.

Quejas básicas y reclamaciones

Como has visto hasta ahora, la preparación en todas las facetas de la atención al cliente constituye un elemento básico para lograr un futuro de liderazgo en la empresa. En el caso de las reclamaciones, esta preparación es sencillamente necesaria, ya que la mayoría de las soluciones vienen dadas por la actitud que se tenga ante ellas.

Hay que partir del hecho de que **las quejas son positivas para la empresa** que las recibe, lo cual requiere que el profesional de la atención al cliente las reciba de buen agrado. Puede que esta afirmación resulte un tanto chocante, pero se comprenderá mejor a partir de la siguiente afirmación: **veinticinco de cada treinta clientes insatisfechos no se quejarán;** simplemente, no volverán a la empresa.

Esta afirmación lleva a pensar que la mayoría de las veces las empresas desconocen la razón por la que pierden a sus clientes. Por lo tanto, **hay que agradecer siempre al cliente que se queje,** ya que de lo contrario no se podrán subsanar los fallos y deficiencias que permitan mejorar.

Por último, hay que tener en cuenta que muchas de las quejas de los clientes se refieren al no cumplimiento de una promesa hecha por los empleados. Así, **la sensación de abandono percibida por el cliente genera mayor malestar** que entender el hecho de que algo pueda fallar.

Es necesario que las compañías comprendan que el modo en que canalizan las quejas de los clientes es tan importante como ofrecerles un buen servicio.

En este sentido, el tratamiento adecuado de las quejas que presentan los clientes requiere que el profesional del servicio de atención muestre en todo momento una **actitud asertiva,** con objeto de evitar cualquier posible confrontación. Para ello, todos los empleados de la organización deben compartir las mismas normas de calidad en relación al tratamiento de situaciones básicas de atención al cliente.

Una reclamación es una manifestación escrita de una queja, por medio de la cual un consumidor o usuario pone en conocimiento del comercio que le ha vendido el bien o prestado el servicio, un prejuicio causado por una mala práctica realizada por esta y por la que se pretende su reparación o resarcimiento del daño sufrido.

Como norma general, todas las empresas deben contestar por escrito, de forma razonada, a las quejas y reclamaciones de los consumidores y usuarios.

Al formular una reclamación, el consumidor/usuario podrá solicitar la entrega de una hoja de reclamación, siendo su entrega obligatoria y gratuita. Deben estar disponibles en todos los establecimientos, locales o dependencias abiertos al público, sin que pueda remitirse a los consumidores/usuarios a otros lugares distintos. Si no se facilita la hoja o el libro de reclamaciones, se debe presentar la reclamación por cualquiera de los siguientes medios:

- ➲ En la Oficina Municipal de Información al Consumidor (OMIC), del Ayuntamiento al que pertenezca.
- ➲ En la Dirección General de Consumo de la Comunidad Autónoma a la que pertenezca.
- ➲ En Asociaciones de Consumidores, cuando el consumidor fuera socio de una de ellas.

La hoja de reclamaciones es el medio que la Administración pública pone a disposición de los clientes/usuarios de las empresas/organizaciones para que puedan formular sus quejas en el mismo lugar en que se produjeron los hechos.

La reclamación debe ser contestada por la empresa por escrito razonado.

En definitiva, las quejas y reclamaciones surgen por desviaciones entre lo que los clientes esperan recibir y lo que reciben. Pueden estar motivadas por diversas **causas;** las más comunes son las siguientes:

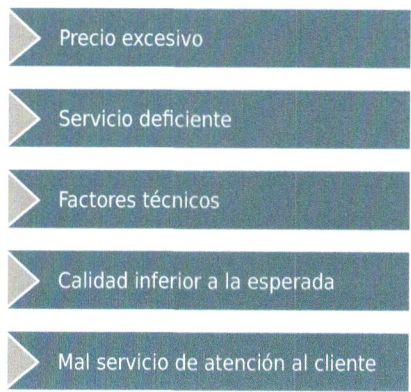

Precio excesivo

Servicio deficiente

Factores técnicos

Calidad inferior a la esperada

Mal servicio de atención al cliente

Para tratar las quejas y reclamaciones es necesario que el personal de la empresa actúe de acuerdo a una serie de **recomendaciones:**

➲ **Escuchar al cliente.** El cliente debe sentir que la empresa se preocupa por su problema.

- **Agradecer la manifestación de la queja.** Debemos tener en cuenta que a la empresa se le está ofreciendo la posibilidad de corregir los errores cometidos.
- **Disculparse por el error.** Independientemente de si la queja está o no justificada.
- **Asegurar que se emprenderán acciones para subsanarlo.** La empresa debe asegurar al cliente que se emprenderán las acciones que sean necesarias para solucionar el problema, explicando qué se puede hacer para subsanar el problema.
- **Conseguir información.** Solicitar al cliente información relevante sobre la queja.
- **Mantener informado al cliente.** El responsable que esté a cargo de la reclamación debe informar al cliente sobre la evolución de la resolución del problema.
- **Corregir el error lo antes posible.** Se deben aportar soluciones de forma inmediata.
- **Averiguar el grado de satisfacción del cliente.** Una vez solucionado el problema, es necesario conocer el grado de satisfacción del cliente.
- **Prevenir errores futuros.** Es necesario hacer un análisis sobre las quejas y reclamaciones a fin de que no vuelvan a producirse.

4. Enfoques para resolver la situación

Para convertir una situación negativa que un cliente tiene con la empresa en una situación positiva, es muy importante que todo el personal trabaje de igual manera y siguiendo un mismo protocolo, sobre todo, en lo referente a las quejas que presentan los clientes, para así intentar recuperarlos.

Lo más importante a la hora de recibir una queja o reclamación es **adoptar una actitud y un comportamiento adecuado,** es decir:

- Ponerse en el lugar del cliente. Para ello, se puede preguntar a uno mismo:

  - ¿Qué pensaríamos si estuviésemos en su lugar?
  - ¿Cómo nos sentiríamos?
  - ¿Cómo reaccionaríamos?
  - ¿Qué es lo que se esperaría de la empresa?
  - ¿Qué es lo que necesitaríamos para quedarnos satisfechos?

- Tener una buena actitud hacia las reclamaciones.

⮑ Tener en cuenta que la queja planteada por un cliente es probablemente también la queja de muchos otros usuarios que no han llegado a expresar su opinión.

Por ejemplo, si un cliente se queja de que las excursiones del viaje organizado al que han asistido eran demasiado cortas en lo referente a la visita en sí y que pasaban demasiado tiempo en el autobús yendo de un sitio a otro. Probablemente, más de un cliente habrá pensado lo mismo; sin embargo, por dejadez no se ha molestado en presentar una queja.

⮑ Mostrar gratitud hacia el cliente por haberse molestado en presentar su queja y tomarlo como una nueva posibilidad que el cliente ofrece a la empresa para que recobre la confianza en esta.

Para que la actitud y comportamiento frente a la queja no se quede en eso, sino que la empresa en conjunto mantenga una **buena cultura de quejas,** todos los empleados deberán adoptar dicha buena actitud, tanto para los clientes internos como para los externos.

Desafortunadamente, en ocasiones aparecen **obstáculos que dificultan la labor de reconducción de un cliente,** entre los que se encuentran:

⮑ La empresa no tiene una política de quejas clara.
⮑ Los empleados no tienen potestad para tomar ningún tipo de decisión.
⮑ Los empleados no pueden desviarse de las reglas.
⮑ La empresa no está orientada al cliente.
⮑ La empresa no valora las quejas de los clientes o no piensa que sean justificadas.
⮑ El personal no está motivado.
⮑ La empresa tiene como primera finalidad la satisfacción del empresario o jefe en vez de tener como prioridad la satisfacción del cliente.

Por otro lado, una **buena política de quejas** puede ayudar a la empresa a **mantener a sus clientes y fidelizarlos,** realizando las siguientes acciones:

⮑ Animando al cliente a reclamar si encuentra algo que no ha sido de su agrado.
⮑ Tramitando las quejas y reclamaciones de los clientes de manera rápida.
⮑ Formando al personal para que sepa tratar las quejas de manera eficaz, si se diera el caso.
⮑ Haciendo partícipes a todos los empleados de la política de la empresa, concretamente en lo referente al tratamiento de las reclamaciones.
⮑ Facilitando a los clientes la posibilidad de presentar una queja si quisieran hacerlo.

Si un cliente presenta una queja, se debe atender de manera correcta y educada en todo momento, tratando que el cliente acabe satisfecho con el servicio recibido.

Para intentar que el cliente que se queja se marche satisfecho es conveniente:

- **Dar las gracias.** Al recibir una queja, siempre se debe agradecer al cliente que la presente. Se puede estar de acuerdo con el contenido y el motivo o no, pero siempre se debe agradecer al cliente el tiempo que ha empleado en presentar la queja y la posibilidad que da a la empresa para mejorar. El lenguaje corporal debe demostrar que se entiende la postura del cliente.
- **Explicar al cliente por qué se le agradece la reclamación o queja.** Si no se hiciese así, el cliente podría pensar que se le da las gracias de manera estandarizada o irónica.
- **Disculparse por el error.** Tanto si la queja es justificada como si no, si ha sido culpa tuya como si ha sido culpa de un compañero, si ha sido por un fallo como por un motivo de fuerza mayor.
- **Comprometerse a hacer algo por solucionar el problema del cliente.** Es importante que el cliente sepa que se va a hacer algo al respecto, pero no se debe prometer nada que no se esté seguro de que se pueda conseguir.
- **Conseguir toda la información necesaria.** Una vez realizados todos los puntos anteriores, el cliente se encontrará predispuesto a escuchar y mantener una conversación más positiva. En este momento es cuando se deben preguntar todas las cuestiones que puedan ayudar para la solución del problema, así como los datos personales del cliente para ponerse en contacto con él por si no se puede solucionar de inmediato o para informarle de la resolución del asunto.
- **Tratar de solucionar el problema lo antes posible.** Se debe corregir el error a la mayor brevedad y, si no tiene solución, se deberá informar al cliente.

⮩ **Preguntar al cliente su grado de satisfacción.** No basta con solucionar el problema y ya está, sino que se deberá comprobar que el cliente efectivamente ha quedado satisfecho con la solución planteada. También se le podría recompensar por las molestias, enviándole una promoción o descuento o una carta de agradecimiento.

⮩ **Prevenir errores futuros.** Una vez que se sabe por qué se ha quejado un cliente, es vital que se solucione el problema, no solo puntualmente para dicho cliente, sino para que ningún otro vuelva a resultar insatisfecho por el mismo motivo.

5. Proceso de resolución de la situación conflictiva

Para poder responder y solucionar eficientemente las quejas y reclamaciones de nuestros clientes, es necesario, en primer lugar, identificar el tipo de queja o reclamación de que se trate, ya que lo que, en ocasiones, parece una queja puede no ser más que una confusión, y viceversa.

El cliente percibe a la persona que le atiende como la empresa. Es fundamental no tomarse las quejas como algo personal y no desviarlas, excepto que así proceda debido a que determinada persona o departamento atienda específicamente esas cuestiones.

El personal en contacto con el cliente y, en especial, el encargado del tratamiento de reclamaciones, ha de conocer y enfatizar ciertos **aspectos generales en el contacto personal con el cliente** que presenta sus quejas:

Mantener la calma y escuchar al cliente
- Se debe escuchar al cliente activamente mientras expone todas sus quejas, sin interrumpir, mostrando una actitud serena y comportándose de forma racional. En ningún caso se debe discutir ni intentar rebatir las opiniones de los clientes, aunque las consideremos erróneas.

Mostrar interés e investigar sus causas
- Es preciso manifestar preocupación por el problema del cliente, pues cuanta más información tengamos sobre su queja, mejor nos podremos enfrentar a la situación, logrando así dar la solución esperada al cliente.

Continúa en página siguiente >>

<< Viene de página anterior

Facilitar las vías de reclamación (interna) y tratar de solucionar el problema
- Registrar la queja y dirigirse con el reclamante a la persona que pueda ayudarle. Es indispensable ofrecer al cliente una solución rápida y eficaz a su problema.

Pedir disculpas
- Resulta muy importante disculparse en nombre de la empresa por las molestias producidas. Al mismo tiempo se darán las explicaciones pertinentes sobre los motivos que han generado el problema.

Despedida y agradecimiento
- Con este comportamiento se pretende llevar al cliente ante una nueva actitud. Resulta efectivo que el cliente vea que su queja no ha sido considerada por nosotros como un ataque, sino como una ocasión para brindarle soluciones.

Gestión de la queja o reclamación
- La queja o reclamación debe ser registrada en un informe, tanto si ha sido resuelta en el momento como si no. En el primero de los casos será archivada y, en el segundo, será remitida al departamento o persona encargada de realizar el seguimiento.

Todos los trabajadores de la empresa que se encuentren en contacto directo con los clientes deberán comunicarse de forma resolutiva y positiva, y mostrarse colaborativos para solucionar rápidamente la incidencia.

Puedes consultar estas pautas accediendo al siguiente enlace:

https://redirectoronline.com/comm002po0401

 **TAREA 6**

Antonio trabaja en la recepción de un hotel. Uno de sus clientes hizo una reserva por internet, pero esta no se gestionó correctamente por parte del establecimiento. Cuando el cliente llega al hotel y pregunta por su reserva, Antonio le pide disculpas y le comunica que hay *overbooking*, por tanto, el cliente no podrá pasar la noche en el hotel. El cliente, ante tal situación, decide poner una reclamación al establecimiento.

Identifica y explica las fases del proceso de atención de quejas y reclamaciones.

6. Conducta asertiva y sus técnicas

A continuación, se explica la conducta asertiva y sus técnicas.

6.1. Estilos de respuesta en la interacción verbal: asertivo, agresivo y no asertivo

Para desarrollar los estilos de comunicación positivos hay que entender los sistemas que implican a la otra persona en su concepto, dentro de los cuales se encuentra la **asertividad,** necesaria para lograr la plena satisfacción del cliente y asegurar el futuro y la rentabilidad de las organizaciones.

 **DEFINICIÓN**

Asertividad
No consiste en ceder a todas las exigencias del cliente, sino en ser flexible, en decir no de manera firme y amable, dándole la razón al cliente cuando la tenga, y, sobre todo, calmándolo con el fin de lograr que se muestre más receptivo a la solución propuesta.

En este sentido, el desarrollo de la asertividad **se compone de varios aspectos básicos:**

Tolerancia	Comunicación directa
- Como base de todo el proceso de aceptación de las ideas de los demás.	- Sin agresividad ni sumisión, de las creencias y pensamientos que se tengan, respetando las opiniones ajenas y exponiendo las propias de manera natural y respetuosa.

Por lo tanto, y atendiendo al comportamiento social de las personas, se pueden diferenciar tres posibles **estilos de respuesta:**

Estilo asertivo
- Este estilo tiende a escuchar de forma activa y empática, a pensar antes de hablar y a prestar atención a las emociones propias y ajenas. Genera eficacia tanto para el que lo usa como para los que le rodean, ya que fomenta alternativas. Además, no tiende a criticar ni a quejarse.

Estilo agresivo
- A diferencia del anterior, el estilo agresivo rechaza por lo general las ideas ajenas de forma inconsciente, sin pensar demasiado si interesa escuchar nuevas formas de entender la vida.

Estilo no asertivo
- En este caso, el sujeto al temer contestaciones adversas prefiere no intervenir, aunque posiblemente terminará quejándose de las decisiones que adopten los demás.

 **EJEMPLO**

El cliente de un establecimiento hotelero ha ido a recepción a protestar por el ruido que producen los niños en la piscina del complejo durante todo el día.

Continúa en página siguiente >>

<< Viene de página anterior

Ante esto, el profesional de recepción adoptará uno de los tres estilos de respuesta posibles:

- Estilo asertivo: "Tiene usted razón. Por ello, teniendo en cuenta las preferencias de clientes como usted, se han establecido horarios y la piscina se cierra a las 20:00 h con el fin de que a esa hora haya tranquilidad en la zona".
- Estilo no asertivo: "¿Qué quiere usted que haga yo? Los niños, como niños que son, tienen todo el derecho del mundo a jugar".
- Estilo agresivo: "Caballero, ¿no ve que ahora mismo estoy ocupado, atendiendo a esta pareja? Si tiene usted algún problema con los niños, dígaselo a sus padres".

6.2. Técnicas de asertividad

Como has podido comprobar, **el estilo asertivo es el más apropiado a la hora de comunicarse con los clientes,** de ahí que existan diferentes técnicas a aplicar en función del momento y el cliente oportuno, susceptibles de poner en práctica para conocer hasta qué punto son efectivas en su aplicación.

Algunas de esas técnicas son las siguientes:

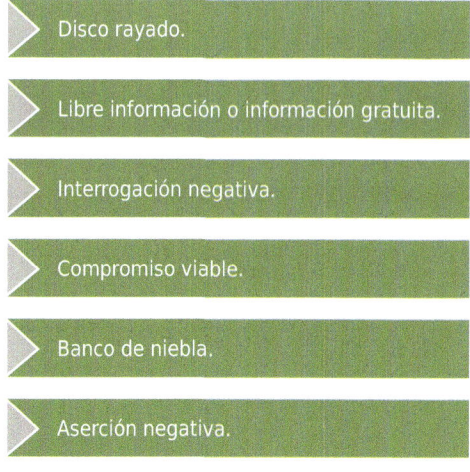

Disco rayado.

Libre información o información gratuita.

Interrogación negativa.

Compromiso viable.

Banco de niebla.

Aserción negativa.

Continúa en página siguiente >>

<< Viene de página anterior

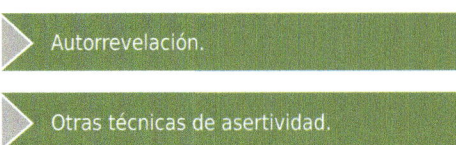

> Autorrevelación.

> Otras técnicas de asertividad.

Disco rayado

Esta técnica consiste en la **repetición de una frase que exprese claramente lo que se desea de la otra persona.** Además, permite insistir en los legítimos deseos sin caer en trampas verbales manipuladoras del interlocutor y sin desviar el tema que importa hasta lograr el objetivo.

En este caso, resulta importante utilizar ciertas palabras una y otra vez en frases distintas, fortaleciendo así la parte principal del mensaje e impidiendo que los demás se desvíen de su mensaje principal. Esta técnica es útil cuando se comprueba que el cliente continúa con su idea anterior y sin enterarse o querer enterarse de lo que se le está diciendo.

El disco rayado debe ir siempre acompañado de un lenguaje no verbal que transmita seguridad y contundencia.

 **EJEMPLO**

"Sí, ya sé que no estás de acuerdo con venir el sábado a trabajar, pero debemos terminar el proyecto". Repetición de la misma contestación cada vez que se escuche la frase en contra de la idea formulada.

Banco de niebla

Se trata de **reconocer que la otra persona tiene motivos para mantener su postura, pero sin dejar de expresar que se mantiene otra diferente,** ya que también se tienen motivos para hacerlo; de este modo, se demuestra tener una actitud razonable, al tiempo que se le hace ver a la otra persona que la intención no es atacar su postura, sino demostrar otra.

 EJEMPLO

Un ejemplo de este tipo de contestación sería el siguiente: "Pues sí que es caro ese producto"; "No es barato, pero merece la pena pagarlo por las prestaciones que ofrece".

Al otorgarle el beneficio de la duda, el cliente no siente que su criterio esté siendo atacado.

6.3. Libre información o información gratuita

Este caso se produce cuando se recibe información que no se ha solicitado y, a partir de ahí, se piden más datos para continuar la conversación. En otras palabras, se trata de **identificar los indicios que da el interlocutor a lo largo de la conversación** para inferir a partir de ellos qué es lo importante e interesante para esa persona.

 EJEMPLO

Un posible caso de libre información sería: "Vaya, por lo que me comenta es usted aficionado al deporte. ¿Qué opinión le merece el papel de la Selección en el último campeonato?".

A través de la técnica de libre información, el cliente facilita al vendedor una información gratuita que favorece la comunicación interpersonal.

Aserción negativa

La parte esencial para la utilización de esta técnica es recordar que **cualquier persona tiene derecho a equivocarse.** Para ello, hay que reconocer el error de manera abierta y sin pedir disculpas por ello. No hay que entrar en ningún momento en justificaciones, aunque se siga hablando del tema.

👁 EJEMPLO

Un ejemplo de este tipo de conversación sería: "El informe que me ha entregado es malísimo"; "Tiene usted razón, Sr. García. A mí tampoco me gusta y no es que no haya tenido tiempo, sino que me dieron mal la información".

La aserción negativa implica una forma de reaccionar ante una crítica justa, sin dar demasiadas excusas o justificaciones.

Interrogación negativa

Esta técnica consiste en **solicitar mayor desarrollo en una afirmación o afirmaciones de contenido crítico** procedentes de otra persona. El objetivo es llegar a evidenciar si se trata de una crítica constructiva o manipulativa, induciendo al mismo tiempo a la otra persona a expresar honradamente sus sentimientos negativos, con el fin de conseguir una mejora de la comunicación.

👁 EJEMPLO

Un posible caso de este tipo de técnica sería el siguiente: "Entonces, ¿no le gusta el televisor que le he mostrado hace un momento? ¿Qué inconvenientes le ve?".

Esta técnica resulta útil para conocer los sentimientos o ideas del cliente, facilitando la comunicación cuando este realiza una crítica.

Autorrevelación

La autorrevelación consiste en **revelar de manera asertiva información sobre uno mismo:** aspectos positivos y negativos de la personalidad, gustos, comportamiento, estilo de vida e inteligencia. Así, esta técnica tiene por objeto fomentar y favorecer la comunicación social, reducir la manipulación y evitar cualquier tipo de especulación.

 EJEMPLO

Un ejemplo de autorrevelación sería: "Aunque es verdad que no me gusta mucho el deporte, sí que me interesan los resultados de los partidos de baloncesto".

Gracias a la técnica de autorrevelación, tanto el vendedor como el cliente se sienten más receptivos durante el proceso de comunicación.

Compromiso viable

El objetivo de esta técnica es lograr que dos personas obtengan parte de lo que desean, es decir, que **ambas partes cedan sin que ninguna se vea perjudicada** en sus derechos, por lo que la limitación en esta técnica es el respeto a lo que uno considera que es correcto.

 EJEMPLO

Un caso claro de este tipo de situación sería: "Si no le gusta el precio que le ofrecemos, puede esperar a que lleguen las rebajas y le hagamos un descuento".

Con el compromiso viable se acepta abiertamente lo que el cliente solicita, pero no en el instante de haberlo dicho.

Otras técnicas de asertividad

Además de las técnicas de asertividad vistas hasta ahora, hay que destacar la utilidad de otras dos técnicas que, aunque menos frecuentes, son igualmente recomendables en la interacción con los clientes: **aserción positiva y aplazamiento asertivo.**

Aserción positiva	Aplazamiento asertivo
- Se basa en la aceptación asertiva de las alabanzas que se reciben, pero sin desviarse del tema central.	- Si el grado de nerviosismo a lo largo de una interacción puede llevar a cometer errores, es momento de buscar un aplazamiento asertivo, esto es, dilatar la situación en busca de un poco de tiempo para responder a una crítica que se haya recibido hasta estar más tranquilos para poder responder con competencia.

 EJEMPLO

Un ejemplo de aserción positiva sería: "Es cierto que domino esa herramienta perfectamente; sin embargo, no voy a tener el trabajo terminado para mañana".

Un ejemplo de aplazamiento sería: "Me parece muy interesante la propuesta que me acaba de hacer, pero me gustaría pensarlo".

Como conclusión, se puede afirmar que muchas de estas técnicas son automatizadas y no requieren, por tanto, una atención concreta cada vez que se hace uso de ellas, es decir, una vez que pasan a formar parte del repertorio de conductas y son interiorizadas, **su empleo se hace prácticamente de forma inconsciente.**

Hay que recordar, además, que a veces **no son los hechos los que condicionan el ánimo o los sentimientos, sino el diálogo interno.** Es decir, si los pensamientos son negativos, el comportamiento asertivo quedará resentido. Pero si, por el contrario, se genera un monólogo interior positivo, este reforzará las actitudes y el reconocimiento de los logros.

 TAREA 7

Es el primer día de trabajo de Felipe en un establecimiento comercial; por una mala gestión del vendedor que ocupaba anteriormente su puesto, ha llegado un

Continúa en página siguiente >>

<< Viene de página anterior

cliente descontento a presentar una reclamación. Ante su falta de experiencia, Felipe no sabe cómo actuar.

Explica a Felipe cuáles son los parámetros, formas y actitudes que caracterizan la atención y asesoramiento al cliente en el proceso de recepción y tratamiento de quejas y reclamaciones, así como las técnicas asertivas que se pueden emplear en el proceso.

7. Resumen

Las quejas y reclamaciones de los consumidores son una importante fuente de información para la empresa. Su adecuado tratamiento permitirá, además de aumentar esos bajos niveles de satisfacción, ahorrarnos campañas de comunicación negativas por parte de los clientes descontentos.

Para el tratamiento de quejas y reclamaciones se recomienda conocer ciertos aspectos generales en el contacto personal con el cliente que expone la queja.

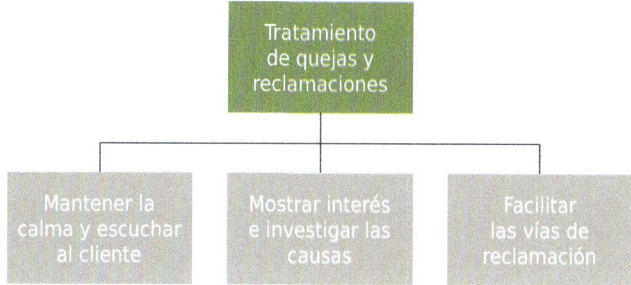

El tratamiento adecuado de las quejas que presentan los clientes requiere que el profesional del servicio de atención muestre en todo momento una actitud asertiva, con objeto de evitar cualquier posible confrontación. Las principales técnicas asertivas que se pueden utilizar son:

Ejercicios de autoevaluación
Unidad de Aprendizaje 4

1. Indica si las siguientes afirmaciones son verdaderas o falsas.

   a. Las quejas de los clientes deben ser tratadas como algo personal, así conseguiremos implicarnos más en su resolución.

   ■ Verdadero
   ■ Falso

   b. Cuando se recibe una queja por parte de un cliente, es conveniente intentar minimizarla para hacer ver que no es tan grave como parece.

   ■ Verdadero
   ■ Falso

   c. Cuando se recibe una queja, el empleado debe mostrarse comprensivo con el cliente.

   ■ Verdadero
   ■ Falso

2. Determina cuáles son los componentes del sistema emocional.

   a. Los pensamientos.
   b. Las respuestas emocionales.
   c. La actitud frente a los problemas.
   d. Las acciones y comportamientos.

3. Identifica cuáles de las siguientes técnicas ayudan a controlar las emociones.

   a. Uso del sentido del humor.
   b. Tomar descansos.
   c. Intentar concentrarse más para seguir con la misma tarea.
   d. Reorientar la energía emocional.

4. Indica si las siguientes afirmaciones son verdaderas o falsas.

a. Las quejas son positivas para la empresa, pues constituyen una valiosa fuente de información.

- ■ Verdadero
- ■ Falso

b. Como norma general, las empresas no suelen contestar a las quejas o reclamaciones de los consumidores.

- ■ Verdadero
- ■ Falso

c. Una buena política de quejas puede ayudar a fidelizar a los clientes.

- ■ Verdadero
- ■ Falso

5. Determina cuáles son los aspectos básicos que desarrollan la asertividad.

a. Tolerancia
b. Pasividad
c. Agresividad
d. Comunicación directa

6. La técnica asertiva consistente en la repetición de una frase que exprese claramente lo que se desea de la otra persona se denomina...

a. ... banco de niebla.
b. ... disco rayado.
c. ... aserción negativa.
d. ... interrogación negativa.

Glosario

Acreditación
Procedimiento mediante el cual un organismo de acreditación autorizado reconoce formalmente que una organización es competente para realizar una determinada actividad de evaluación de la conformidad.

Actitud
Evaluación que la persona hace de un objeto o una idea. En función de las creencias que se tengan, se tendrán actitudes positivas o negativas hacia algo.

Asertividad
Capacidad de relacionarse adecuadamente, conociendo y defendiendo los derechos propios y respetando los de los demás. Ser flexible en la respuesta al cliente no consiste en ceder a todas sus exigencias, sino en decir de manera firme y amable, dándole la razón al cliente cuando la tenga y, sobre todo, calmándolo con el fin de lograr que se muestre más receptivo a la solución propuesta.

Atención al cliente
Servicio que prestan las empresas que ofrecen servicios y/o comercializan productos a los clientes para la satisfacción de sus necesidades.

Atención telefónica
Proceso basado en la transmisión de un mensaje cuyo código está integrado por señales sonoras, comunicación verbal y no verbal entre el cliente y el profesional de la atención, con el objetivo de lograr la satisfacción del cliente.

Autocontrol
Capacidad que permite controlarse a uno mismo, controlar el comportamiento y emociones, y conseguir que estas no controlen a la persona, generando una serie de estrategias para evitar hacer cosas que no se desean hacer.

Calidad en el servicio

Hábito desarrollado y practicado por una organización para interpretar las necesidades y expectativas de sus clientes y ofrecerles, en consecuencia, un servicio ágil, adecuado, oportuno, seguro y confiable, aun bajo situaciones imprevistas o ante errores, de tal manera que el cliente se sienta comprendido, atendido y servido personalmente, y sorprendido con mayor valor al esperado, proporcionando mayores ingresos y menores costos para la organización.

Certificación

Acción llevada a cabo por una entidad reconocida como independiente de las partes interesadas, mediante la cual se dispone que los productos y servicios de una empresa tengan la confianza adecuada conforme a una norma o documento normativo.

Cliente

Persona u organización que podría recibir o que recibe un producto o un servicio destinado a esa persona u organización o requerido por ella.

Cliente externo

Cliente que compra productos o servicios a la organización.

Cliente interno

Empleado que necesita la ayuda de otros empleados para desempeñar adecuadamente su trabajo.

Comunicación

Proceso bidireccional en el que dos o más personas intercambian información mediante el uso del lenguaje.

Comunicación no verbal

Se trata de la comunicación mediante signos, gestos, posturas y posiciones en lugar de palabras. Es concebida como un sistema de señales emocionales.

Creencia

Pensamiento que una persona tiene acerca de algo. En función de las creencias que se tengan, se tendrán actitudes positivas o negativas hacia algo.

CRM

Customer Relationship Management o gestión de las relaciones con el cliente. Conjunto de estrategias de negocio, *marketing,* comunicación e infraestructuras tecnológicas, diseñadas con el fin de construir una relación duradera con los clientes, identificando, comprendiendo y satisfaciendo sus necesidades.

Dicción
Es básicamente la pronunciación de las palabras. Una buena dicción implica que nuestros interlocutores nos oigan bien y que puedan distinguir todo lo que decimos.

Empatía
Capacidad de entender los pensamientos y emociones ajenas, de ponerse en el lugar de los demás y compartir sus sentimientos, de implicarse en la respuesta hacia el cliente, de ponerse realmente en la posición del mismo.

Empoderamiento
Proceso mediante el cual se consigue motivar a los empleados en el desarrollo de su trabajo para la congruencia de los objetivos empresariales.

Entonación
Modulación de la voz, las inflexiones producidas en la misma que acompañan a la cadena de sonidos del habla.

Escucha activa
Capacidad de escuchar y entender la comunicación desde el punto de vista del que habla.

Kinesia
Disciplina que se ocupa de la comunicación no verbal expresada a través de los movimientos del cuerpo.

Locución
La locución o ritmo hace referencia a la velocidad con la que el emisor transmite el mensaje.

Motivación
Necesidad lo suficientemente intensa como para impulsar al individuo a la búsqueda de la satisfacción.

Normalización
Actividad colectiva encaminada a establecer soluciones a situaciones repetitivas. En particular, esta actividad consiste en la elaboración, difusión y aplicación de determinadas normas.

Paralingüística
Disciplina que estudia el comportamiento no verbal expresado en la voz.

Proactividad

Capacidad no solo de tomar la iniciativa, sino de asumir la responsabilidad de hacer que las cosas sucedan. Las personas proactivas son aquellas que se adelantan a las cosas que les puede suceder, es decir, hacen que las cosas sucedan, ya que se adelantan a los acontecimientos.

Proxémica

Disciplina que se encarga de estudiar el comportamiento no verbal relacionado con el espacio personal, es decir, las distancias que asumimos en determinadas situaciones comunicativas.

Reclamación

Manifestación escrita de una queja, por medio de la cual un consumidor o usuario pone en conocimiento del comercio que le ha vendido el bien o prestado el servicio, un prejuicio causado por una mala práctica realizada de esta y por la que se pretende su reparación o resarcimiento del daño sufrido.

Satisfacción del cliente

Nivel de conformidad del cliente cuando realiza una compra o utiliza un servicio.

Bibliografía

Monografías

→ INNOVACIÓN Y CUALIFICACIÓN e IZQUIERDO Carrasco, F. A.: *Atención al cliente en el proceso comercial.* IC Editorial: Antequera, 2019.

→ INNOVACIÓN Y CUALIFICACIÓN e IZQUIERDO Carrasco, F. A.: *Técnicas de información y atención al cliente/consumidor.* IC Editorial: Antequera, 2021.

→ INNOVACIÓN Y CUALIFICACIÓN e IZQUIERDO Carrasco, F. A.: *Técnicas de venta.* IC Editorial: Antequera, 2021.

→ INNOVACIÓN Y CUALIFICACIÓN y TORRES Gómez, C. A.: *Gestión de la atención al cliente/consumidor.* IC Editorial: Antequera, 2021.

→ MATEOS DE PABLO Blanco, M. A. y TORRES Gómez, C. A.: *Atención básica al cliente.* IC Editorial: Antequera, 2020.

→ SÁNCHEZ Aguilar, J. S.: *Actitud emprendedora y oportunidades de negocio.* IC Editorial: Antequera, 2023.

→ VILLANUEVA López, R.: *Comunicación y atención al cliente en hostelería y turismo.* IC Editorial: Antequera, 2019.

Textos electrónicos, bases de datos y programas informáticos

→ BLUEMARA Solutions. Proveedor líder de soluciones de gestión de TI. *Clientes internos y externos ¿Cuál es la diferencia?* Disponible en: <https://bluemarasolutions.com/clientes-externos-internos/>.

→ HUBSPOT. *Calidad en atención al cliente: qué es, importancia y medición.* Disponible en: <https://blog.hubspot.es/service/calidad-atencion-cliente>.

→ TU-VOZ, Servicios de *telemarketing* y atención telefónica. *Todos somos clientes.* Disponible en: <https://www.tu-voz.com/todos-somos-clientes/>.